读客文化

# 小李飞刀 ²

## 边城浪子（二）

古 龙 著

文匯出版社

# 目 录

001 / 第十八章　救命的飞刀

016 / 第十九章　斩草除根

030 / 第二十章　一醉解千愁

043 / 第二十一章　无鞘之剑

078 / 第二十二章　杀人前后

093 / 第二十三章　铃儿响叮当

102 / 第二十四章　烈日照大旗

118 / 第二十五章　一剑震四方

140 / 第二十六章　血海深仇

161 / 第二十七章　出鞘一刀

192 / 第二十八章　有女同行

212 / 第二十九章　蛇蝎美人

225 / 第三十章　　护花剑客

245 / 第三十一章　刻骨铭心

270 / 第三十二章　小李飞刀

291 / 第三十三章　刀下亡魂

313 / 第三十四章　神刀堂主

# 第十八章

## 救命的飞刀

一柄三寸七分长的刀。

飞刀!

李马虎看到这把刀,一张脸突然扭曲。

接着,他的人也倒下,竟像是被一道无声无息的闪电击倒。

他倒下去的时候,手里仿佛有些东西掉在桌上。

傅红雪霍然转身,就看到了叶开。

叶开正微笑着走进来。

他没有带刀。

傅红雪看着他,又看了看倒在地上的李马虎,厉声道:"你这是干什么?"

叶开笑了笑。

他总是喜欢用笑来回答一些他根本不必回答的话。

傅红雪永不必再问了。

他也已看见桌上三根针。

惨碧色的针。

针是从李马虎手里掉下来的。

若不是那柄刀，傅红雪现在只怕也和乐乐山一样躺了下去。

难道这马马虎虎的杂货店老板，竟是心狠手辣的杜婆婆？

傅红雪紧握双手，过了很久，才抬起头。

叶开也正在看着他微笑。

傅红雪突然冷冷道："你怎么知道我躲不过他这一招？"

叶开道："我不知道。"

傅红雪道："你为什么总是要来救我？"

叶开又笑了，道："谁说我是来救你的？"

傅红雪道："你来干什么？"

叶开淡淡道："我只不过来将一把刀，打在这个人的手上而已，手是他的，刀是我的，跟你并没有什么关系。"

傅红雪说不出话来了。

叶开施然走过来，坐下，深深吸了口气，微笑道："饭炒得好像还不错，香得很。"

傅红雪道："哼。"

叶开道："酒好像也不错，只可惜没有了。"

傅红雪正想开口，叶开忽又笑道："我那柄刀够不够换一角酒？"

倒在地上的人没有动，也没有开口。

叶开道:"若是不够,你就该还我的刀。"

还是没有人开口。

叶开叹了口气,俯下身,拍了拍这人的肩,道:"杜婆婆,我既已认出了你,你又何苦……"

他声音突然停顿,脸上居然也露出惊讶之色。

倒下去的人竟已永远起不来了。

这人的脸已扭曲僵硬,手脚已冰冷。

手背上还钉着那柄刀。

傅红雪看了看这张脸,又看了看这柄刀,道:"你刀上有毒?"

叶开道:"没有。"

傅红雪道:"没有毒这人怎么会?"

叶开沉吟着道:"她年纪看来要大得多,老人都是受不了惊吓的。"

傅红雪道:"你说她是被骇死的?"

叶开道:"手背并不是要害,刀上也绝没有毒。"

傅红雪道:"你说她就是'断肠针'杜婆婆?"

叶开叹了口气,道:"无骨蛇既然可以是个老太婆,杜婆婆为何不能是个男人?"

傅红雪缓缓道:"是的,我知道杜婆婆是个怎么样的人。"

叶开道:"你应该知道。"

傅红雪突然冷笑道:"像她这种人,难道也会被小小的一把刀吓死?"

叶开道:"但她的确已死了。"

傅红雪道："这究竟是把什么样的刀？"

叶开笑了笑。

他也喜欢用笑来回答他不愿回答的话。

他拔起了这柄刀。

刀锋薄面锋利，闪动着淡青的光。

他看着这柄刀时，眼睛里也发出了光。

过了很久，才缓缓道："无论如何，你总不能不承认这也是一柄刀吧。"

傅红雪也沉默了很久，才缓缓道："想不到你也会用刀。"

叶开又笑了笑。

傅红雪道："我从未看过你带刀。"

叶开淡淡道："刀本就不是给人看的。"

傅红雪也只有承认。

叶开道："也许只有看不见的刀，才是最可怕的刀呐！"

傅红雪道："世上没有看不见的刀！"

叶开凝视着手里的刀，缓缓道："也许你能看得见它，但等你看见它时，往往已太迟了……"

可以吓死人的刀，通常都是看不见的刀。

因为等你看见它时，就已太迟了。

刀又看不见了。

突然间，这柄刀已在叶开手里消失，就像是某种魔法奇迹。

傅红雪垂下头,看着自己手里的刀,眼睛里也露出了种奇怪的表情。

他终于明白了叶开的意思。

公孙断也没有看见过他的这把刀。

公孙断能看到的只是刀柄和刀鞘。

叶开淡淡道:"很容易被人看见的刀,就很难杀人了。"

傅红雪在听着。

叶开慢慢地接着道:"所以懂得用刀的人,也一定懂得收藏他的刀。"

傅红雪轻轻叹息了一声,喃喃道:"只可惜这件事并不容易。"

叶开道:"的确很不容易。"

傅红雪道:"那远比使用它还要困难得多。"

叶开微笑道:"看来你已明白了。"

傅红雪道:"我已明白了。"

他抬起头,看着叶开。叶开的微笑温暖而亲切。

傅红雪突又沉下了脸,冷冷道:"所以我希望你也明白一件事。"

叶开道:"什么事?"

傅红雪道:"以后永远不要再来救我,你走你的路,我走我的,我们本就完全没关系,你就算死在我面前,我也绝不会救你。"

叶开道:"我们不是朋友?"

傅红雪道:"不是!"

叶开也轻轻叹息了一声,苦笑道:"我明白了。"

傅红雪咬着牙,道:"那么现在你已可以去走你的路。"

叶开道:"你呢,你不出去?"

傅红雪道:"我为什么要出去?"

叶开道:"外面有人在等你。"

傅红雪道:"谁?"

叶开道:"一个不是老太婆的老太婆。"

傅红雪皱眉道:"他等我干什么?"

叶开道:"等你去问他,为什么要暗算你。"

傅红雪的眼睛突然亮了,立刻大步走了出去。

其实他根本不必急着出去。

因为外面那个人,无论再等多久,都不会着急的。

死人永远不会着急。


西门春本就不是个很高大的人,现在似已缩成了一团。

他躺在柜台后的角落里,眼珠凸出,仿佛还带着临死时的愤怒和恐惧。

是谁杀了他?

他自己显然也未想到这个人会来杀他。

一根钢锥,插在他心口上,从创口流出的血,现在还未干透。

附近却没有人。

现在正是吃晚饭的时候了,本就很少有人还留在街上。

傅红雪站在那里,手脚已僵硬,直到听见叶开的脚步声时，才沉声问道："你说这人就是'无骨蛇'西门春？"

过了很久，叶开才吐出口气，道："是的。"

傅红雪道："我也知道他是个怎么样的人。"

叶开道："你应该知道。"

傅红雪道："他既没有反抗，也没有呼喊，就已被人杀了。"

叶开道："这是致命的一锥。"

傅红雪道："能这样杀他的人并不多。"

叶开道："很多。"

傅红雪皱眉道："很多？"

叶开突然长叹，道："无论谁都可以杀了他，因为他已根本没有反抗之力。"

傅红雪道："为什么？"

叶开苦笑道："我怕他不肯等你，所以先点了他的穴道。"

他忽又接着道："只不过，能杀他的人虽多，想杀他的人却不多，也许只有一个。"

傅红雪道："谁？"

叶开道："一个生怕你将他秘密问出来的人。"

傅红雪沉默了很久，道："他为什么要杀我？是谁要他来杀我的？……这就是他的秘密？"

叶开道："不错。"

傅红雪突然冷笑，然后就转身走了出去。

叶开道："你要到哪里去？"

傅红雪道："我走我的路，你为何不去走你自己的路呢？"

他头也不回，慢慢地走上了长街。

长街寂寂，对面窄门上的灯笼已燃起。

一阵风吹过，将那窄巷口点着的招租红纸吹得飞了起来。

风很冷，夜已将临，是不是秋天也快来了？

晚风中已有秋意，但屋子里却还是温暖如春。

在男人们看来，这地方仿佛永远都是春天。

角落里的桌子上，已有几个人在喝酒，暮色尚未浓，他们的酒意却已很浓了。

叶开刚坐下来，萧别离已将酒杯推过来，微笑道："莫忘记你答应过请我喝酒的。"

酒杯已斟满。

叶开微笑道："莫忘记你答应过可以挂账。"

萧别离笑道："无论谁答应过你的话，想忘记只怕都很难。"

叶开道："的确很难。"

萧别离道："所以你已可以放心喝酒了。"

叶开大笑，举杯一饮而尽，四下看了一眼，道："这里的客人倒真来得早。"

萧别离点点头，道："只要灯笼一亮，立刻就有人来。"

叶开道："所以我总怀疑他们是不是整天都在外面守

着那盏灯笼的。"

萧别离又笑了笑,道:"这种地方的确很奇怪,只要来过一两次的人,很快就会上瘾了,若是不来转一转,好像连觉都睡不着。"

叶开道:"现在我已经上瘾了,今天我就已来了三次。"

萧别离笑道:"所以我喜欢你。"

叶开道:"所以你才肯让我挂账。"

萧别离大笑。

角落中那几个人都扭过头来看他,目中都带着惊讶之色。

他们到这地方来了至少已有几百次,却从未看过这孤僻的主人如此大笑。

但是他很快又顿住笑声,道:"李马虎真的就是杜婆婆?"

叶开点点头。

萧别离道:"我还是想不通,你究竟是怎么看出来的?"

叶开道:"我没有看出来……我根本就什么也看不出来。"

萧别离道:"但是你猜出来了。"

叶开道:"我只不过觉得有些奇怪,西门春为什么要叫傅红雪到他那里去拿包袱。"

萧别离道:"只有这一点?"

叶开道:"我去的时候,又发觉他居然将傅红雪请到里面去吃饭。"

萧别离道:"这并没有什么奇怪。"

叶开道:"很奇怪。"

他接着又道:"现在这地方每个人都已知道傅红雪是万马堂的对头,像他这么圆滑的人,怎么肯得罪万马堂?"

萧别离道:"不错,他本该连那包袱都不肯收下来的。"

叶开道:"但他却收了下来。"

萧别离道:"所以他一定另有目的。"

叶开道:"所以我才会猜她是杜婆婆。"

萧别离道:"你没有猜错。"

叶开忽然叹了口气,道:"幸好我没有猜错。"

萧别离道:"为什么?"

叶开道:"因为她已经被我吓死了。"

萧别离怔住。

叶开道:"你想不到?"

萧别离叹了口气,道:"西门春呢?"

叶开道:"也死了。"

萧别离拿起面前的酒,慢慢地喝了下去,冷冷道:"看来你的心肠并不软。"

叶开凝视着他,淡淡道:"现在你是不是后悔让我挂账了。"

萧别离又叹了口气,道:"我只奇怪,像他们这种人,怎么会到这种地方来,而且来了就没有走。"

叶开道:"也许他们是避难,也许他们的仇家就是傅红雪。"

萧别离道:"但他们来的时候,傅红雪还只是个小孩子。"

叶开道:"那么他们为何要杀傅红雪?"

萧别离淡淡道:"你不该杀了他们的,因为这句话只有他们才能回答你。"

叶开叹道:"他们的确死得太早,也死得太快,只不过……"

萧别离道:"只不过怎么样?"

叶开忽又笑了笑,悠然道:"莫忘记死人有时也会说话的。"

萧别离道:"他们说了什么?"

叶开道:"现在还没有说,因为我还没有去问。"

萧别离道:"为什么还不问?"

叶开道:"我不急,他们当然更不会急。"

萧别离又笑了,凝视着叶开,微笑道:"你实在也是个很奇怪的人。"

叶开道:"和三老板一样奇怪……"

萧别离道:"比他更怪……"

他这句话刚说完,外面突然响起一阵急骤的铜锣声,还有人在大呼:"火,救火……"

火势猛烈。

起火的地方,赫然就是李马虎的杂货店。

火苗从后面那木板屋里冒出来,一下子就将整个杂货铺都烧着,烧得好快。

就算有人想隔岸观火都不行,因为这条街上的屋子,大多都是木板造的。

片刻间,整条街都已乱了起来,各式各样可以装水的东西,一下子全都出现了。

火光照着萧别离的脸,他苍白的脸也已被映红了,沉吟着道:"看来那火是从杂货铺后面的厨房里烧起来的。"

叶开点点头。

萧别离道:"你走的时候,是不是忘了熄灯?"

叶开道:"那里根本还没有点灯。"

萧别离道:"但炉子里想必还有火。"

叶开道:"每家人的炉子里都有火。"

萧别离道:"你认为有人放火?"

叶开笑了笑,道:"我早该想到有人会放火的。"

萧别离道:"为什么?"

叶开笑得很奇怪,淡淡道:"因为死人烧焦了后,就真的永远不能说话了。"

他忽然抢过一个人手里提着的水桶,也抢着去救火了。

萧别离很快就已看不见他,但眼睛里却还是带着沉思之色。

他身旁忽然悄悄地走过来一个人,悄悄问道:"你在想什么?"

萧别离并没有扭头去看,缓缓道:"我刚得到个教训。"

这人道:"什么教训?"

萧别离道:"你若想要一个人不说话,只有将他杀了后再烧成焦炭。"

救火的人虽多,水源却不足。

幸好白天下过雨,屋子并不干燥,所以火势虽未被扑灭,总算还没有蔓延得太快。

叶开挤在救火的人丛中,目光就像鹰一样,在四下搜索。

放火的人通常也会混在救火的人丛里的,这也许因为他不愿被别人怀疑,也许因为他很欣赏别人救火的痛苦,很欣赏自己放的火。

这当然是种残酷而变态的心理,但放火的岂非就是残酷而变态的人?

只可惜这种人外表通常都很不容易看出来的。

叶开正觉得失望,忽然发觉有个人在后面用力拉他的衣襟。

他回过头,又发觉有个人很快地转过身,挤出了人群。

是个头戴着毡帽的青衣人。

叶开当然也很快地跟着挤了出去。

他挤出去后,还是只能看到这青衣人的背影。

叶开常常喜欢研究人的背影,他发现每个人的背影多多少少都有些特征,所以若要从一个人的背影认出他来,并不是件困难的事。

这青衣人的背影却像是完全陌生的。

他身材并不高大,行动却很敏捷,很快地就已走出了这条街。

忽然间,四下就已看不见别的人了。

繁星在天,原野静寂。

叶开大步追过去,轻唤道:"前面的朋友是否有何指教?请留步说话。"

青衣人的脚步非但没停,反而更加快了,又走出一段路,就忽然一掠而起,施展的竟是"八步赶蝉"的上乘轻功。

这人的轻功非但很不错,身法也很美。叶开看见他宽大的衣袂在风中飞舞,忽又觉得他的身法很眼熟,却还是想不出在哪里见过这么样一个人。

走得愈远,夜色就愈浓。

叶开并没有急着追上去。

这青衣人若是真的不愿见他,刚才为什么要拉他的衣服?

这人若是本就想见人,他又何必急着去追?

风吹草原,长草间居然有条小径。

这人对草原中的地势显然非常熟悉,在草丛间东一转,西一转,忽然看不见了。

叶开却一点也不着急,就停下脚步,等着。

过了半晌,草丛中果然在低语。"你知道我是谁?"

叶开笑了笑,悠然低吟:"天皇皇,地皇皇。人如玉，玉生香。万马堂中沈三娘。"

　　草丛中有人笑了，笑声轻柔而甜美。

　　一个人带着笑道："好眼力，有赏。"

　　叶开微笑道："赏什么？"

　　沈三娘道："赏你进来喝杯酒。"

## 第十九章

## 斩草除根

这荒凉的草原上,怎么会有喝酒的地方?

叶开走进去后才明白,沈三娘竟在这里建造了个小小的地室。

若不是她自己带你,你就算有一万人来找,也绝对找不到这地方。

这实在是个很奇妙的地方,里面非但有酒,居然还有张很干净的床,很精致的妆台,妆台上居然还摆着鲜花。

摆酒的桌子上,居然还有几样很精致的小菜。

叶开怔住。

沈三娘看着他,脸上带着笑,正是那种令人一见销魂的笑。

她微笑着道:"你是不是很奇怪。"

叶开忽然也笑了笑,道:"不奇怪。"

沈三娘道:"不奇怪?"

叶开也在看着她,微笑道:"像你这样的女人,无论做出什么样的事来,我都不会奇怪。"

沈三娘眼波流动,道:"看来你的确是个很懂事的男人。"

叶开道:"你也是个很懂事的女人。"

沈三娘道:"所以我们就该像两个真正懂事的人一样,先坐下来喝杯酒。"

叶开眨了眨眼,道:"然后呢?"

沈三娘又笑了,咬着嘴唇笑道:"你既然是个懂事的男人,就不该在女人面前问这种话。"

叶开叹了口气,苦笑道:"其实我只不过想听你说个故事。"

沈三娘道:"什么故事?"

叶开道:"神刀堂、万马堂的故事。"

沈三娘道:"你怎么知道我会说这故事?"

叶开又笑了笑,淡淡道:"我知道的事还不止这一样。"

沈三娘忽然不说话了。

灯光照着她的脸,使得她看来更美,但却是种很凄凉而伤感的美,就像是夏阳下的归鸿、残秋时的夕阳。

她慢慢地斟了杯酒,递给叶开。

叶开坐下。

风从上面的洞口吹过,灯光在摇晃,夜仿佛已很深了。

大地寂静,又有谁知道地下有这么样两个人,这么样坐在这里。

又有谁知道他们的心事?

沈三娘又为自己倒了杯酒，慢慢地喝下去，然后才缓缓道："你知道神刀堂的主人是谁？"

叶开点点头。

沈三娘道："你知道白先羽和马空群，本来是同生死、共患难的兄弟？"

叶开又点点头。

沈三娘道："他们并肩作战，从关外闯到中原，终于使神刀堂和万马堂的名头响遍了武林。"

叶开道："我也早已知道白老前辈是个很了不起的人。"

沈三娘叹了口气，黯然道："就因为他是个了不起的人，所以后来才会死得那么惨。"

叶开道："为什么？"

沈三娘道："因为他使神刀堂一天天壮大，不但已渐渐压过了万马堂，江湖中也几乎没有别人能比得上了。"

叶开叹道："我想他一定得罪了很多人。"

武林大豪的声名，本就是用血泪换来的。

沈三娘咬着牙，道："他自己也知道江湖中一定有很多人恨他，但他却未想到最恨他的人，竟是他最要好的兄弟。"

叶开道："马空群？"

沈三娘点点头，道："他恨他，因为他知道自己比不上他。"

叶开道："难道他真的是死在马空群手下的？"

沈三娘恨恨道："当然还有别的人。"

叶开道:"公孙断?"

沈三娘道:"公孙断只不过是个奴才,就凭他们两个人,怎么敢动神刀堂,何况白夫人和白二侠也是不可一世的绝顶高手。"

她目中充满了怨毒之意,接着又道:"所以那天晚上秘密暗算他们的人,至少有三十个。"

叶开动容道:"三十个?"

沈三娘点点头,道:"这三十个人想必也一定都是武林中的第一流高手。"

叶开道:"你知道他们是谁?"

沈三娘长长叹息了一声,道:"没有人知道……除了他们自己外,绝没有别人知道。"

她不让叶开问话,很快地接着又道:"那天晚上雪刚停,马空群约了白大哥兄弟去赏雪,说是在城外的梅花庵,准备了一席很精致的酒菜。"

叶开很留意地听着,仿佛每个细节都不肯错过,所以立刻问道:"梅花庵既然是出家人的清修之地,怎么会有酒菜?"

沈三娘冷笑道:"这世上真正能做到四大皆空的出家人又有几个?"

叶开点点头,替她倒了杯酒。

他了解她的心情。

像她这种人,对世上任何事的看法当然都难免比较尖刻。

沈三娘喝完了这杯酒,才接着说道:"那天白大哥的兴致也很高，所以将他一家人全都带去了，谁知道……谁知道马空群要他们去赏的并不是白的雪，而是红的雪！"

她拿着酒杯的手已开始颤抖，明亮的眼睛也已发红了。

叶开的脸色也很沉重，道："马空群是不是已安排好那三十个人埋伏在梅花庵里等着他？"

沈三娘点点头，凄然道："就在那天晚上，白大哥兄弟两家，大小十一口人，全都惨死在梅花庵外，竟没有留下一个活口。"

叶开也不禁黯然，长叹道："斩草除根，寸草不留，他们的手段好毒！"

沈三娘轻拭着眼角的泪痕，道："最惨的是白大哥夫妇，他们纵横一生，死的时候竟连首级都无法保存，连他那才四岁大的孩子，都惨死在剑下。"

她又替自己倒了杯酒，很快地喝了下去，道："但暗算他们的那三十多个蒙面刺客，也被他们手刃了二十多个。"

叶开道："马空群左掌那四根手指，想必也是被他削断了的。"

沈三娘恨恨道："若不是他趁白大哥不备时先以金刚掌力重创了白大哥的右臂，那天晚上他们只怕还休想得手。"

叶开道："金刚掌？"

沈三娘道："马空群也是个了不起的人才，他右手练的是破山拳，左手练的却是金刚掌，据说这两种功夫都已被他练到了九成火候。"

叶开道："白大侠呢？"

沈三娘的眼睛里立刻又发出了光，道："白大哥惊绝天下，无论武功、机智、胆识，世上都绝没有任何人能比得上他。"

你只要看着她的眼睛，就可以知道她对她的白大哥是多么崇敬佩服。

叶开长长叹息，黯然道："为什么千古以来的英雄人物，总是要落得个如此悲惨的下场？"

他也举杯一饮而尽，才接着说道："白大侠满门惨死之后，马空群自然就将责任推到那些蒙面刺客身上。"

沈三娘冷笑道："最可恨的是，他还当众立誓，说他一定要为白大哥报仇。"

叶开道："那三十个刺客之中，能活着回去的还有几个？"

沈三娘道："七个。"

叶开道："没有人知道他们是谁？"

沈三娘道："没有。"

叶开叹道："他们自己当然更不肯说出来，马空群只怕再也没有想到这秘密也会泄漏。"

沈三娘："他做梦也没想到。"

叶开苦笑道："其实连我也想不通，这秘密是怎么泄漏的。"

沈三娘沉吟着，终于缓缓道："活着的那七个人之中，有一个突然天良发现，将这秘密告诉了一位白凤夫人。"

叶开道："这种人也有天良？"

沈三娘道："他本来也已将死在白大哥刀下，但白大哥却从他的武功上认出了他，念在他做人还有一点好处，所以刀下留情，没有要他的命。"

叶开道："这人是谁？"

沈三娘叹道："白凤夫人已答应过他，绝不将他的姓名泄漏。"

叶开道："他做人有什么好处？"

沈三娘道："若是说出了他这点好处，只怕人人都知道他是谁了。"

叶开道："白大侠对他的武功如此熟悉，难道他竟是白大侠的朋友？"

沈三娘恨恨道："马空群难道不是白大哥的朋友？那三十个蒙面刺客，也许全都是白大哥的朋友。"

叶开叹道："看来朋友的确比仇敌还可怕。"

沈三娘道："可是白大哥饶了他一命之后，他回去总算还是天良发现，否则白大哥只怕就要永远冤沉海底了。"

叶开道："他没有说出另外六个人是谁？"

沈三娘道："没有。"

叶开道："为什么不说？"

沈三娘道："因为他也不知道。"

她接着道："马空群一向是个很谨慎、很仔细的人，他选择这三十个人做暗算白大哥的刺客，当然仔细观察过他们很久，知道他们都必定在暗中对白大哥怀恨在心。"

叶开道："想必如此。"

沈三娘道："但这三十个人却都是和马空群直接联系的，谁都不知道另外的二十九个人是谁。"

叶开道："江湖中的一流高手，大多都有他们独特的兵刃和武功，这人多少总该看出一点线索来。"

沈三娘道："行刺的那天晚上，这三十个人不但全都黑衣蒙面，甚至将他们惯用的兵刃也换过了，何况，这个人当然也很了解白大哥武功的可怕，行刺时心情当然也紧张得很，哪有功夫去注意别人。"

叶开垂下头，沉吟着，忽又问道："那位白凤夫人又是谁？"

沈三娘长长叹息，凄然道："她……她是个很了不起的女人，也是个很可怜的女人，她虽然既聪明又美丽，但命运却比谁都悲惨。"

叶开道："为什么？"

沈三娘道："因为她喜欢的男人不但是有妇之夫，而且是那一门的对头。"

叶开道："对头？"

沈三娘道："她本是魔教中的大公主。"

叶开动容道："魔教？"

沈三娘黯然道："三百年来，武林中无论哪一门哪一派的人，提起魔教两个字来，没有不头疼的。其实魔教中的人也是人，也有血有肉，而且，只要你不去犯他们，他们也绝不会来惹你。"

叶开苦笑道："我总认为魔教只不过是种荒唐神秘的传说而已，谁知道世上竟真有它存在。"

沈三娘道："近二十多年来，魔教中人的确已没人露过面。"

叶开道："为什么？"

沈三娘道："因为魔教教主在天山和白大哥立约赌技，输了一招，发誓从此不再入关。"

叶开叹："白大侠当真是人中之杰，当真是了不起。"

沈三娘幽幽地道："只可惜你晚生了二十年，没有见着他。"

叶开道："但他当年的雄姿英发，现在我还一样能想象得到。"

沈三娘看着他，眼睛里露出一抹温柔之意，像是想说什么，又忍住了。

她又喝了杯酒，才接着道："就因为天山这一战，所以魔教中上上下下，都将白大哥当作不共戴天的大对头。"

叶开叹道："魔教中的人，气量果然未免偏狭了一些。"

沈三娘说道："白凤夫人就是那魔教教主的独生女儿。"

叶开道："但她却爱上了白大侠。"

沈三娘点点头，道："就为了白大哥，她不惜叛教出走。"

叶开道:"她知道白大侠已有妻子?"

沈三娘道:"她知道,白大哥从没有欺骗过她,所以她才动了真情。"

叶开长叹道:"你若要别人真情对你,你也得用自己的真情换取。"

沈三娘的目光又变得温柔起来,轻轻道:"她明知白大哥不能常去看她,但她情愿等,有时一年中她甚至只能见到白大哥一面,但她已心满意足。"

叶开的眼睛仿佛遥视着远方,过了很久,才问道:"白大侠的夫人想必不知道他们这段情感。"

沈三娘道:"她至死都不知道,因为白大哥虽然是一世英雄,但对他这位夫人却带着三分畏惧,所以才苦了我们的白凤姑娘。"

叶开叹息着,道:"我明白。"

他的确明白。女人最悲惨的事,就是爱上了一个她本不该去爱的男人。

沈三娘凄然道:"最惨的是,那时她已有了白大哥的孩子。"

叶开迟疑着,终于忍不住问道:"你说的这孩子是不是……"

沈三娘道:"这孩子就是傅红雪。"

叶开动容道:"他果然是来找马空群复仇的!"

沈三娘点点头,目中又有了泪光,黯然道:"为了这一天,她们母子也不知吃了多少苦。"

叶开道:"白凤夫人难道从未去向她的父亲请求帮助?"

沈三娘道:"她也是个很倔强的女人,从不要别人可怜她,何况,魔教中人既然对白大哥恨之彻骨,又怎么会帮她复仇。"

叶开叹道:"她既然本是魔教中的公主,当然也不会有别的朋友。"

沈三娘道:"所以她只有全心全意地来教养她的孩子,希望他能够为白大哥洗雪这血海深仇。"

叶开道:"看来她的儿子并没有令她失望。"

沈三娘道:"他现在的确已可算是绝顶高手,我敢说天下已没有几个人能比得上,但又有谁知道,他为了练武曾经吃过多少苦?"

叶开道:"无论做什么事,若想出人头地,都一样要吃苦的。"

沈三娘凝视着他,忽然问道:"你呢?"

叶开笑了笑,道:"我?……"

他的笑容中似也带着些悲伤,过了很久,才接着道:"我总比他好,因为从来也没有人管我。"

沈三娘道:"没有人管真是件幸运的事么?"

叶开又笑了笑。

他只笑了笑,什么都没有说。

沈三娘轻轻叹息,柔声道:"我相信你有时也必定希望有个人来管管你的,没有人管的那种痛苦和寂寞,我很明白。"

叶开忽然改变话题,道:"这件事的大概情况,我已明白了。"

沈三娘道:"我说的本来就很详细。"

叶开道:"但你却忘了说一件事。"

沈三娘道:"什么事?"

叶开道:"你自己。"

他凝视着沈三娘,缓缓道:"你究竟是什么人,和这件事又有什么关系。"

沈三娘沉默了很久,才缓缓道:"马空群以为我是白凤夫人的妹妹,其实他错了。"

叶开道:"哦?"

沈三娘凄然一笑,道:"我本来也是魔教中的人,但却只不过是白凤夫人身边的一个小丫头而已。"

叶开道:"傅红雪认得你?"

沈三娘摇摇头道:"他不认识我,他很小的时候,我就离开了白凤夫人。"

叶开道:"为什么?"

沈三娘道:"因为我要找机会,混入万马堂去刺探消息。"

叶开道:"要查出那六个人是谁?"

沈三娘道:"最主要的,当然是这件事。"

叶开道:"你没有查出来?"

沈三娘道:"没有。"

她目中又露出悲愤沉痛之色,黯然接着道:"所以这几年我都是白活的。"

叶开看着她,道:"你只不过是白凤夫人的丫环,但却也为了这段仇恨,付出了你这一生中最好的十年生命?"

沈三娘道:"因为她一向对我很好,一向将我当作她的姐妹。"

叶开道:"没有别的原因?"

沈三娘垂下头,过了很久,才轻轻道:"这当然也因为白大哥一向是我最崇拜的人。"

她忽又抬起头,盯着叶开,道:"你好像一定要每件事都问个明白才甘心。"

叶开道:"我本来就是个喜欢刨根挖底的人。"

沈三娘眼睛里的表情忽然变得奇怪,盯着他道:"所以你也常常喜欢躲在屋顶上偷听别人说话。"

叶开笑了,道:"看来你好像也要将每件事都问得清清楚楚才甘心。"

沈三娘咬着嘴唇,道:"但那天晚上,屋子里的女人并不是我。"

叶开看着她,眼睛里的表情也变得很奇怪,过了很久,才慢慢地问道:"不是你是谁?"

沈三娘道:"是翠浓。"

叶开的眼睛突然亮了,直到现在他才明白,傅红雪看着他要拉翠浓时,脸上为什么会露出愤怒之色。

沈三娘慢慢地为他倒了杯酒,道:"所以那天晚上和你在一起的女人,就不是翠浓。"

叶开道:"不是翠浓是谁?"

沈三娘眼波忽然变得雾一样的朦胧，缓缓地道："随便你要将谁当成她都行，只要不是翠浓……"

叶开长叹了一声，道："我明白了。"

沈三娘柔声道："谢谢你。"

叶开问道："但我又有点不明白，你为什么要这样做？"

沈三娘垂下头，垂得很低，好像不愿再让叶开看到她脸上的表情。

又过了很久，她才叹息着，黯然道："为了复仇，我做过很多不愿做的事！"

叶开道："也许每个人都做过一些他本来不愿做的事。"

沈三娘道："但这一次我却不愿再做。"

叶开眼睛里充满了同情，道："你当然不是为了自己。"

沈三娘道："我的确是怕害了他，他和我这种女人本不该有任何关系，只不过……我也是为了我自己。"

叶开道："哦？"

沈三娘用力咬着嘴唇，道："我已尽了我的力，现在我再也不愿碰一碰我不喜欢的男人。"

# 第二十章

## 一醉解千愁

叶开举杯饮尽,酒似已有些发苦。

他当然也了解一个女人被迫和她们憎恶的男人在一起时,是件多么痛苦的事。

沈三娘忽然抬起头来,掠了掠鬓边的散发,道:"我这一生中,从未有过我真正喜欢的男人,你信不信?"

她眼波蒙眬,似已有了些酒意。

叶开轻轻叹息,只能叹息。

沈三娘道:"其实马空群对我并不错,他本该杀了我的。"

叶开道:"为什么?"

沈三娘道:"因为他早已知道我是什么人。"

叶开道:"可是他并没有杀你。"

沈三娘点点头,道:"所以我本该感激他的,但是我却更恨他。"

她用力握紧酒杯,就好像已将这酒杯当作马空群的咽喉。

樽已空。

叶开将自己杯中的酒，倒了一半给她。

然后她就将这杯酒喝了下去，喝得很慢，仿佛对这杯酒十分珍惜。

叶开凝视着她，缓缓道："我想你现在一定永远再也不愿见到马空群。"

沈三娘道："我不能杀他，只有不见他。"

叶开柔声道："但你的确已尽了你的力。"

沈三娘垂着头，凝视着手里的酒杯，忽然道："你知不知道我为什么要告诉你这些事？"

叶开笑了笑，道："因为我是个懂事的男人？"

沈三娘柔声道："你也是个很可爱的男人，若是我年轻，一定会勾引你。"

叶开凝视着她，道："你现在也并不老。"

沈三娘也慢慢地抬起头，凝视着他，嘴角又露出那动人的微笑，幽幽地说道："就算还不老，也已经太迟了……"

她笑得虽美，却仿佛带着种无法形容的苦涩之意。

一种比甜还有韵味的苦涩之意。

一种凄凉的笑。

然后她就忽然站起来，转过身，又取出一樽酒，带着笑道："所以现在我只想你陪我大醉一次。"

叶开轻轻叹了口气，道："我也有很久未曾真的醉过。"

沈三娘："可是在你还没有喝醉以前，我还要你答应我一件事。"

叶开道:"你说。"

沈三娘说道:"你当然看得出傅红雪是个怎么样的人。"

叶开点点头,道:"我也很喜欢他。"

沈三娘道:"他的智慧很高,无论学什么,都可以学得很好,但他却又是个很脆弱的人,有时他虽然好像很坚强,其实却只不过是在勉强控制着自己,那打击若是再大一点,他就承受不起。"

叶开在听着。

沈三娘道:"他杀公孙断的时候,我也在旁边,你永远想不到他杀了人后有多么痛苦,我也从未看过吐得那么厉害的人。"

叶开道:"所以你怕他……"

沈三娘道:"我只怕他不能再忍受那种痛苦,只怕他会发疯。"

叶开叹道:"但他却非杀人不可。"

沈三娘叹了口气,道:"可是我最担心的,还是他的病。"

叶开皱眉道:"什么病?"

沈三娘道:"一种很奇怪的病,在医书上叫癫痫,也就是通常所说的羊癫疯,只要这种病一发作,他立刻就不能控制自己。"

叶开面上也现出忧郁之色,道:"我看过这种病发作的样子。"

沈三娘道:"最可怕的是,谁也不知道他这种病要在什么时候发作,连他自己都不知道,所以他心里永远有一种恐惧,所以他永远都是紧张的,永远不能放松自己。"

叶开苦笑道:"老天为什么要叫他这种人得这种病呢?"

沈三娘道:"幸好现在还没有别人知道他有这种病,马空群当然更不会知道。"

叶开道:"你能确定没有别人知道。"

沈三娘道:"绝没有。"

她的确很有信心,因为她还不知道傅红雪的病最近又发作过一次,而且偏偏是在马芳铃面前发作的。

叶开沉吟道:"他若紧张时,这种病发作的可能是不是就比较大?"

沈三娘道:"我想是的。"

叶开道:"他和马空群交手时,当然一定会紧张得很。"

沈三娘叹道:"我最怕的就是这件事,那时他的病若是突然发作……"

她嘴唇突然发抖,连话都已说不下去——非但不敢再说,连想都不敢去想。

叶开又替她倒了杯酒,道:"所以你希望我能在旁边照顾着他。"

沈三娘道:"我并不只是希望,我是在求你。"

叶开道:"我知道。"

沈三娘道:"你答应?"

叶开的目光仿佛忽然又到了远方,过了很久,才缓缓道:"我可以答应,只不过,现在我担心的并不是这件事。"

沈三娘道:"你担心的是什么?"

叶开道:"你知不知道他回去还不到一个时辰,已有两个人要杀他。"

沈三娘动容道:"是什么人?"

叶开道:"你总该听说过'断肠针'杜婆婆,和'无骨蛇'西门春。"

沈三娘当然听说过。

她脸色立刻变了,喃喃道:"奇怪,这两人为什么要杀他?"

叶开道:"我奇怪的也不是这一点。"

沈三娘道:"你奇怪的又是什么?"

叶开沉思着,道:"我刚说起他们很可能也在这地方,他们就立刻出现了。"

沈三娘道:"你是不是觉得他们出现得太快?太恰巧?"

叶开道:"不但出现太快,就仿佛生怕别人要查问他们的某种秘密,所以自己急着要死一样。"

沈三娘道:"不是你杀了他们的?"

叶开笑了笑,道:"我至少并不急着要他们死。"

沈三娘道:"你认为是有人要杀了他们灭口?"

叶开道:"也许还不止这样简单。"

沈三娘道:"你的意思我懂。"

叶开道:"也许死的那两个人,并不是真的西门春和杜婆婆。"

沈三娘道："你能不能说得再详细些？"

叶开沉吟着，道："他们当然是为了一种很特别的理由，才会躲到这里来的。"

沈三娘道："不错。"

叶开道："他们躲了很多年，已认为没有人会知道他们的下落。"

沈三娘道："本就没有人知道他们的下落。"

叶开道："但今天我却忽然对人说，他们很可能就在这地方。"

沈三娘道："你怎么知道的？"

叶开又笑了笑，淡淡道："我知道很多事。"

沈三娘叹道："也许你知道的已太多。"

叶开道："我既然已说出他们很可能在这里，自然就免不了有人要去找。"

沈三娘道："他们怕的并不是别人，而是你，因为他们想不通你怎会知道他们在这里，也猜不透你还知道些什么事。"

叶开道："他们生怕自己的行踪泄露，所以就故意安排了那两个人出现，而且想法子让我认为这两个人就是杜婆婆和西门春。"

沈三娘道："想什么法子？"

叶开道："有很多法子，最简单的一种，就是叫一个人用断肠针去杀人。"

沈三娘道："断肠针是杜婆婆的独门暗器，所以你当然就会认为这人是杜婆婆。"

叶开道："不错。"

沈三娘道："若要杀人，最好的对象当然就是傅红雪。"

叶开道："这也正是他们计划中最巧妙的一点。"

沈三娘道："那两人若能杀了傅红雪，当然很好，就算杀不了傅红雪，也对他们这计划没有妨碍。"

叶开道："对极了。"

沈三娘道："等到他们出手之后，那真的杜婆婆和西门春就将他们杀了灭口，让你认为杜婆婆和西门春都已死了。"

叶开道："谁也不会对一个死了的人有兴趣，以后当然就绝不会有人再去找他们。"

沈三娘眨着眼，道："只可惜有种人对死人也一样有兴趣的。"

叶开微笑道："世上的确有这种人。"

沈三娘道："所以他们只杀人灭口一定还不够，一定还要毁尸灭迹。"

叶开叹了口气，道："我常听人说，漂亮的女人大多都没有思想，看来这句话对你并不适用。"

沈三娘嫣然一笑，道："有人说，会动脑筋的男人，通常都不会动嘴，看来这句话对你也不适用。"

叶开也笑了。

现在他们本不该笑的。

沈三娘道："其实我也还有几件事想不通。"

叶开道:"你说。"

沈三娘道:"死的若不是杜婆婆和西门春,他们是谁呢?"

叶开道:"我只知道其中有个人的武功相当不错,绝不会是无名之辈。"

沈三娘道:"但你却不知道他是谁。"

叶开道:"也许我以后会知道的。"

沈三娘看着他道:"只要你想知道的事,你就总是能知道!"

叶开笑道:"这也许只因为我本就是个很有办法的人。"

沈三娘道:"那么你想必也该知道,杜婆婆和西门春是为什么躲到这里来的。"

叶开道:"你说呢?"

沈三娘的表情忽然变得很严肃,一字字道:"那三十个刺客中活着的还有七个,也许我们现在已找出两个来。"

叶开的表情也严肃起来,道:"这是件很严重的事,所以你最好不要太快下判断。"

沈三娘慢慢地点了点头,道:"我可不可以假定他们就是?"

叶开叹了口气,叹气有时也是种答复。

沈三娘道:"他们若是还没有死,当然一定还在这地方。"

叶开道:"不错。"

沈三娘道:"这地方的人并不多。"

叶开道:"也不太少。"

沈三娘道:"以你看,什么人最可能是西门春?什么人最可能是杜婆婆?"

叶开道:"我说过,这种事无论谁都不能太快下判断。"

沈三娘道:"但只要他们还没有死,就一定还在这地方。"

叶开道:"不错。"

沈三娘道:"他们既然可以随时找两个人来做替死鬼,这地方想必一定还有他们的手下。"

叶开道:"不错。"

沈三娘道:"这些人随时随地都可能出现,来暗算傅红雪?"

叶开叹息着点了点头。

沈三娘道:"你所担心的,也正是这一点?"

叶开沉吟着,道:"以他的武功,这些人当然不是他的对手。"

沈三娘也点了点头。

叶开道:"他既然是魔教中大公主的独生子,旁门杂学会的自然也不少。"

沈三娘道:"实在不少。"

叶开道:"但他却缺少一样事。"

沈三娘道:"哪样事?"

叶开道:"经验。"

他慢慢地接着道:"在他这种情况中,这正是最重要的一件事,却又偏偏是谁也没法子教他的。"

沈三娘道:"所以……"

叶开道:"所以你应该去告诉他,真正危险的地方并不是万马堂,真正的危险就在这小镇上,而且是他看不见,也想不到的。"

沈三娘沉思着,道:"你认为马空群早已在镇上布好了埋伏?"

叶开道:"你说过,他是个很谨慎的人。"

沈三娘道:"他的确是。"

叶开道:"可是现在他身边却已没有一个肯为他拼命的人。"

沈三娘道:"公孙断的死,对他本就是个很大的打击。"

叶开道:"一个像他这么谨慎的人,对自己一定保护得很好,公孙断就算是他最忠诚的朋友,他也绝不会想要倚靠公孙断来保护他。"

沈三娘冷冷道:"公孙断本就不是个可靠的人。"

叶开道:"他当然比你更了解公孙断。"

沈三娘道:"所以你认为他一定早已另有布置?"

叶开笑了笑,道:"他若非早已有了对付傅红雪的把握,现在怎么会还留在这里。"

沈三娘道:"难道你认为傅红雪已完全没有复仇的机会?"

叶开道:"假如他只想杀马空群一个人,也许还有机会。"

沈三娘道:"假如他还想找出那六个人呢?"

叶开道:"那就很难了。"

沈三娘凝视着他,忽然叹了口气,道:"你究竟是在替我们担心?还是为马空群来警告我们的?现在我已渐渐分不清了。"

叶开淡淡道:"你真的分不清?"

沈三娘道:"你虽然说出了很多秘密,但仔细一想,这些秘密我们却连一点用都没有。"

叶开道:"哦?"

沈三娘道:"我若真的将这些话告诉傅红雪,他只有更紧张,更担心,更容易遭人暗算。"

叶开道:"你可以不告诉他。"

沈三娘盯着他的眼睛,像是想从他眼睛里看出他心里的秘密。

可是她什么也没有看见。

她忍不住又长叹了一声,道:"现在我只想知道,你究竟是什么人?"

叶开又笑了,淡淡道:"问我这句话的人,你已不是第一个。"

沈三娘道:"从来没有人知道你的来历?"

叶开道:"那只因连我自己都忘了。"

他举起酒杯,微笑道:"现在我只记得,我答应过要陪你大醉一次的。"

沈三娘眼波流动,道:"你真的想喝醉?"

叶开笑得仿佛有些伤感,缓缓道:"我不醉又能怎么样呢?"

于是叶开醉了,沈三娘也醉了。

他醒来的时候,却已剩下他自己一个人。

空樽下压着张素笺,是她留下来的。

笺上只有一行字,是用胭脂写的,红得就像是血:"夜晚在这里陪你喝酒的女人也不是我。"

樽旁还有胭脂。

于是叶开又加了几个字:"昨夜我根本就不在这里。"

不醉又能怎么样呢?还是醉了的好。


凌晨。

轻烟般的晨雾刚刚从长草间升起,东方的穹苍是淡青色的,其余的部分带着神秘的银灰色。

长草碧绿。

叶开走出来,长长吸了口气,空气新鲜而潮湿。

草原尚未苏醒,看不见人,也听不见声音,一种奇妙的和平宁静,正笼罩着大地。

马芳铃现在想必还在沉睡,年轻人很少会连续失眠两个晚上的。

他们的忧郁通常总是无法抗拒他们的睡意。

老年人就不同了。

叶开相信马空群是绝对睡不着的。

像他这种年纪的人,经过这么多事之后,能睡着除非是奇迹。

他在干什么?

是在悲悼着他的伙伴?还是在为自己忧虑?

萧别离现在想必也该回到他的小楼上,也许正在喝他临睡前最后的一杯酒。

丁求是不是也在那里陪他喝?

傅红雪呢?

他是不是找得着能容他安歇一夜的地方?

最让叶开惦记的,也许还是沈三娘。

他实在想不出她还有什么地方可去,但却相信像她这样的女人,无论在什么情况下,总会有地方可去的。

除非她已迷失了自己。

也不知从哪里飞来一只秃鹰,在银灰色的穹苍下盘旋着。

它看来疲倦而饥饿。

叶开抬起头,看着它,目中带着深思之色,喃喃道:"你若想找死人,就来错地方了,这里既没有死人,我也还没有死。"

他眨眨眼,忽然笑了笑,道:"要找死人,就得到有棺材的地方,是不是?"

鹰低唳,仿佛在问他:"棺材呢?棺材呢?……"

第二十一章

## 无鞘之剑

火熄了。

李马虎的杂货店,已烧成一片焦土;隔壁那"专卖猪牛羊三兽"的屠户和那小面馆,灾情也同样惨重。

那条窄巷里的木屋,也烧得差不多了。

一些被抢救出来的零星家具,还杂乱地堆在路旁,几只破水桶正随风滚动着,也不知它们的主人到底是谁?

焦木还是湿淋淋的,火势显然刚灭不久,甚至连风中都带着焦味。

边城中的人本来起得很早,现在街上却看不见人影,想必是因为昨夜救火劳累,现在正蒙头大睡。

本已荒僻的小镇,看来更凄凉悲惨。

叶开慢慢地走上这条街,心里忽然觉得有种负罪的感觉。

无论如何,若不是他,这场火就不会烧起来,他本该提着水桶来救火的。

但昨天晚上,他提着的却是酒壶。

这一场大火后,镇上有多少人将无家可归?

叶开长长叹息了一声，不禁想起了那小面馆的老板张老实。

张老实真的是个老实人，他不但是这小面馆的老板，也是厨子和伙计，所以一年到头，身上总是围着块油腻腻的围裙，从早上一直忙到天黑，赚来的却连个老婆都养不起。

但他还是整天笑嘻嘻的，你就算只去吃他一碗三文钱的阳春面，他还是拿你当财神爷一样照顾。

所以他煮的面就算像糨糊，也从来没有人埋怨过半句。

现在面馆已烧成平地，这可怜的老实人以后怎么办呢？

隔壁杀猪的丁老四，虽然也是个光棍，情况却比他好多了。

丁老四还可以到萧别离的店里去喝几杯，有时甚至还可以在那里睡一觉。

再过去那家棉花行，居然没有被烧到，竟连外面挂着的那"精弹棉花，外卖雕漆器皿"的大招牌，也还是完整无缺的。

"清水锦绸细缎、工夫作针"。

"精制纨扇、雨具、自捍伏天绒被"。

除了萧别离外，镇上就数这三家店最殷实，就算被火烧一烧也没关系。

但他们却偏偏全都没有被烧到。

叶开苦笑着，正想找个人去问问张老实他们的消息，想不到却先有人来找他了。

窄门上的灯笼,居然还是亮着的。

一个人突然从里面伸出半个身子来,不停地向叶开招手。

这人白白的脸,脸上好像都带着微笑,正是那绸缎行的老板福州人陈大倌。

镇上没有人比他更会做生意,也没有人比他更不得人缘了。

叶开认得他。

这地方只要是开门做生意的人,叶开已差不多认得。

他认为没事的时候找这些人聊聊,总会有些意想不到的收获。

他现在就想不出陈大倌找他干什么?

但他还是走了过去,脸上又故意做出微笑,还没有开口问他,陈大倌的头已缩了回去。

门却开了。

叶开只好走进去,忽然发现他认得的人竟几乎全在这地方,萧别离反而偏偏不在。

除了陈大倌外,每个人的脸色都很沉重,面前的桌子上既没有菜,也没有酒。

他们显然不是请叶开来喝酒的。

天色还没有大亮,屋里也没有燃灯,这些人一个个铁青着脸,瞪着一双双睡眠不足的眼睛,态度一点也不友善。

"难道他们已知道那场火是我惹出来的?"

叶开微笑着，几乎忍不住想要问问他们，是不是想找他来算账的？

他们的确要找人算账，只不过要找的并不是他，是傅红雪。

"自从这姓傅的一来，灾祸也跟着来了。"

"他不但杀了人，而且还要放火。"

"火起之前，有个人亲眼看见他去找李马虎的。"

"他到这里来，为的好像就是要给我们罪受。"

"他若不走，我们简直活不下去。"

说话的人除了陈大倌和棉花行的宋老板外，就是丁老四和张老实，这一向不大说话的老实人，今天居然也开了口。

每个人提起傅红雪，都咬牙切齿的，好像恨不得咬下他一块肉。

叶开静静地听着，等他们说完了，才淡淡问道："各位准备对他怎么样？"

陈大倌叹了口气，接着说道："我们本来准备请他走的，但他既然来了，当然不肯就这样一走了之，所以……"

叶开道："所以怎么样？"

张老实抢着道："他既然要我们活不下去，我们也要他活不下去。"

丁老四一拳重重地打在桌上，大声道："我们虽然都是安分守己的良民，但惹急了我们，我们也不是好惹的。"

宋老板捧着水烟袋，摇着头道："狗急了也会跳墙，何况人呢？"

叶开慢慢地点了点头，好像觉得他们说的话都很有道理。

陈大倌又叹了口气，道："我们虽然想对付他，只可惜心有余而力不足。"

宋老板叹了口气，道："像我们这种老实人，当然没法子和杀人的凶手去拼命。"

陈大倌道："幸好我们总算还认得几个有本事的朋友。"

叶开道："你说的是三老板？"

陈大倌道："三老板是有身份的人，我们怎敢去惊动他？"

叶开皱了皱眉，道："除了三老板外，我倒想不出还有谁是有本事的人了。"

陈大倌道："是个叫小路的年轻人。"

叶开道："小路？"

陈大倌道："这人虽年轻，但据说已是江湖中第一流的剑客。"

宋老板悠然道："据说他在去年一年里，就杀了三四十个人，而且杀的也都是武林高手。"

张老实咬着牙，道："像他这种杀人的凶手，就得找个同样的人来对付他。"

陈大倌道："这就叫以眼还眼，以牙还牙。"

叶开沉吟着，忽然问道："你们说的小路，是不是道路的路？"

陈大倌道："不错。"

叶开道："是不是路小佳？"

陈大倌道："就是他。"

宋老板慢慢地吐出口气道："叶公子莫非也认得他？"

叶开笑了，道："我听人说过，听说他的剑又狠又快。"

宋老板也笑了，道："这两年来，江湖中没有听说过他的人，只怕不多。"

叶开道："的确不多。"

宋老板道："听说连昆仑山的神龙四剑和点苍的掌门人都已败在他的剑下。"

叶开点点头，说道："宋老板好像对他的事熟悉得很。"

宋老板又笑了笑，悠然道："好教叶公子得知，这位了不起的年轻人，就是我一门远亲的大少爷。"

叶开道："他来了？"

宋老板道："总算他还没有忘记我这个穷亲戚，前两天才托人带了信来，所以，我才知道他就在这附近。"

丁老四抢着道："所以昨天晚上我们已找人连夜赶去谈了。"

宋老板道："若是没有意外，今天日落之前，他想必就能赶到这里。"

张老实捏紧拳，恨声道："那时我们就得要傅红雪的好看了。"

叶开听着,忽又笑了笑,道:"这件事各位既已决定,又何必告诉我?"

陈大倌笑道:"叶公子是个明白人,我们一向将叶公子当作自己的朋友。"

他好像生怕叶开开口说出难听的话,所以赶紧又接着解释道:"但我们也知道叶公子对那姓傅的一向不错。"

叶开道:"你们是不是怕我又来多管闲事?"

陈大倌道:"我们只希望叶公子这次莫要再照顾他就是。"

张老实道:"我是个老实人,只会说老实话。"

叶开道:"你说。"

张老实道:"你最好能帮我们的忙杀了他,你若不帮我们,至少也不能帮他,否则……"

叶开道:"否则怎么样?"

张老实站起来,大声道:"否则我就算打不过你,也要跟你拼命。"

叶开大笑,道:"好,果然是老实话,我喜欢听老实话。"

张老实大喜道:"你肯帮我们?"

叶开道:"我至少不帮他。"

陈大倌松了口气,赔笑道:"那我们就已感激不尽了。"

叶开道:"我只希望路小佳来的时候,你们能让我知道。"

陈大倌道:"当然。"

叶开叹息着,喃喃道:"我实在早就想看看这个人了,还有他那柄剑……"

突听一人道:"据说他那柄剑也很少给人看的。"

这是萧别离的声音。

他的人还在楼梯上,声音已先传了下来。

叶开抬起头,笑了笑,道:"他的剑是不是也和傅红雪的刀一样?"

萧别离也在微笑着,道:"只有一点不同。"

叶开道:"哪一点?"

萧别离道:"傅红雪的刀还杀三种人,他的剑却只杀一种。"

叶开道:"只杀哪种人?"

萧别离道:"活人!"

他慢慢地走下楼,苍白的脸上带着种惨淡的笑容,接着道:"他和傅红雪不同,在他看来,世上只有两种人,活人和死人。"

叶开道:"只要是活人他都杀?"

萧别离叹了口气,道:"至少我还未听说他剑下有过活口。"

叶开也叹了口气,道:"现在,我只想知道一件事了。"

萧别离道:"什么事?"

叶开说道:"不知道是他的剑快?还是傅红雪的刀快?"

这件事也正是每个人都想知道的。

阳光已升起。

镇上的地保赵大,正在指挥着他手下的几个兄弟清理火场。

屋子里的人都已走出来,站在屋檐下看着,发表着议论。

萧别离和叶开却还留在屋子里。

叶开从窗口看着外面的人,微笑道:"想不到赵大做事倒很卖力。"

萧别离道:"他当然应该卖力。"

叶开道:"哦。"

萧别离道:"镇上人人都知道李马虎并不马虎,他干了十来年,据说已存下上千两的银子。"

叶开沉吟着,道:"银子是烧不化的。"

萧别离道:"他也没有后人。"

叶开道:"所以只要能找得出那些银子来,就是地保的。"

萧别离笑道:"难怪他们都说你是个明白人。"

叶开道:"他们说的话你全都听见了?"

萧别离叹道:"这些人说起话来,好像就生怕别人听不见。"

叶开道:"这就难怪你睡不着了,我本来还以为有人陪你在楼上喝酒哩。"

萧别离目光闪动,道:"你以为是丁求?"

叶开笑了笑，拉开张椅子坐下去。

萧别离道："你想找他？"

叶开道："说老实话，我真正想要找的人就是傅红雪。"

萧别离道："你不知道他在哪里？"

叶开道："你知道？"

萧别离想了想，道："他当然不会离开这地方。"

叶开笑道："只怕连鞭子都赶不走。"

萧别离道："但他在这里却已很难再找得到欢迎他的人。"

叶开道："看来的确不容易。"

萧别离沉吟着，缓缓道："只不过有些地方既没有主人，门也从来不关的。"

叶开道："譬如说哪些地方？"

萧别离道："譬如说，关帝庙……"

叶开的眼睛跟着亮了，忽然站起来，道："我最佩服的人就是这位关夫子，早该到他庙里去烧几根香了。"

萧别离笑道："最好少烧几根，莫要烧着了房子。"

叶开也笑了笑，道："幸好关夫子一向不开口的，否则很有这种可能。"

烧焦了的尸骨已清理出来，银子却还没有消息。

赵大已歇下来，正用大碗在喝着水，大声地吆喝着，叫他手下的弟兄别偷懒。

银子若找出来，大家全有一份的。

叶开走过去，站在他旁边看着，忽然悄悄道："听说有些人总是喜欢将银子埋在铺底下的。"

赵大精神为之一震，道："对，我早该想到这种地方了。"

他好像这才发觉说话的人是叶开，立刻又回头笑道："若是找到了，叶公子你在这地方的酒账，全算我赵大的。"

叶开道："那倒不必，我只希望你能照顾照顾这个死人，替他们弄两口薄皮棺材。"

赵大道："棺材是现成的，而且用不着花钱买。"

叶开道："哦，这里居然有不要钱的棺材，我倒从未听说过。"

赵大笑道："公子你莫非忘了，前天岂非有人送了好几副棺材来。"

叶开眼睛又亮了，却又问道："棺材岂非是要送到万马堂的？"

赵大悄悄道："这两天三老板正在走霉运，谁敢把棺材往那里送？"

叶开道："棺材呢？"

赵大道："本来就堆在后面的空地上，昨天起火的时候，我才叫人移到关帝庙去了，只便宜了这两天死的人，每人都可以落一口。"

叶开笑道："看来这两天死在这里的人，倒真是死对了地方。"

赵大却叹了口气，道："但没死的人待在这种穷地方,却真是活受罪。"

叶开道:"谁说这地方穷,说不定那边就有上千两的银子在等着你去拿哩。"

赵大大笑,道:"多谢公子吉言,我这就去拿。"

他卷起衣袖,赶过去,忽又回过头,道:"公子你若在这里有什么三长两短,我赵大一定选口最好的棺材给你。"

叶开看着他走开了,也不知是好气还是好笑,过了很久,才苦笑着,喃喃道:"看你这小子倒真他妈的够朋友。"

这条街虽然是这地方的精华,这地方却当然不止这么样一条街!

走出这条街往左转,屋子就更简陋破烂,在这里住的不是牧羊人,就是赶车洗马的,那几个大老板店里的伙计,也住在这里。

一个大肚子的妇人,正蹲在那里起火。

她的背上背着个孩子,旁边还站着三个,一个个都是面有菜色。她自己看来却更憔悴,苍老得像是老太婆。

叶开暗中叹了口气——为什么愈穷的人家,孩子偏偏愈多呢?

是不是因为他们没钱在晚上点灯,也没别的事做?

无论如何,人愈穷,孩子愈多,孩子愈多,人就更穷,这好像已成了条不变的定律。

叶开忽然觉得这是一个很严重的问题,却又想不出什么方法来让别人少生几个孩子。

但他相信,这问题以后总有法子解决的。

再往前面走不多远,就可以看到那间破落的关帝庙了。

庙里的香火并不旺,连关帝老爷神像上的金漆都已剥落。

大门也快塌了,棺材就堆在院子里,院子并不大,所以棺材只能叠起来放。

庙里的神案倒还是完整的,若有个人睡上去,保证不会垮下来。

因为现在就有个人睡在上面。

一个脸色苍白的人,手里紧紧地握着一柄漆黑的刀,一双发亮的眼睛,正在瞪着叶开。

叶开笑了。

傅红雪却没有笑,冷冷地瞪着他,道:"我说过,你走你的路,我走我的。"

叶开道:"我听你说过。"

傅红雪道:"你为什么又来找我?"

叶开道:"谁说我是来找你的?"

傅红雪道:"我。"

叶开又笑了。

傅红雪道:"这地方只有两个人,一个活人,一个木头人,你来找的总不会是木头人。"

叶开道:"你说的是关夫子?"

傅红雪道:"我只知道他是个木头人。"

叶开叹了口气,道:"我知道你从来不会尊敬别人,但至少总该对他尊敬的。"

傅红雪道:"为什么?"

叶开道:"因为……因为他已成神。"

傅红雪冷笑道:"他是你的神,不是我的。"

叶开道:"你从不信神。"

傅红雪道:"我信的不是这种人,也想不出他做过什么值得我尊敬的事。"

叶开道:"他至少没有被曹操收买,至少没有出卖朋友。"

傅红雪道:"没有出卖朋友的人很多。"

叶开道:"但你总该知道……"

傅红雪打断了他的话,冷冷道:"我只知道若不是他的狂妄自大,蜀汉就不会亡得那么快。"

叶开叹了口气,道:"我也知道你为什么不尊敬他了。"

傅红雪道:"哦?"

叶开道:"因为别人都尊敬他,你无论做什么事,都一定要跟别人不同。"

傅红雪忽然翻身掠起,慢慢地走了出去。

叶开道:"你这就走?"

傅红雪冷冷地道:"这里的俗气太重,我实在受不了。"

叶开叹道:"一个人若要活在这世上,有时就得俗一点的。"

傅红雪道："那是你的想法，随便你怎么想，都跟我没关系。"

叶开道："你怎么想？"

傅红雪道："那也跟你没关系。"

叶开道："难道你不准备在这世界上活下去？"

傅红雪道："我根本就没有在你这世界上活过。"

他没有回头。

叶开看不见他的脸，却看见他握刀的手突然握得更紧。

只可惜无论他如何用力，也握不碎心里的痛苦。

叶开看着他，缓缓道："无论你怎么想，总有一天，你还是会回到这世界上来的，因为你还是要活下去，而且非活下去不可。"

傅红雪似已听不见这些话，他左脚先迈出一步，僵直的右腿才跟着拖过去。

叶开看着他的眼，目中忽又露出了忧虑之色。

纵然他的刀能比路小佳的剑快，但是这条腿……

傅红雪已走出了院子。

叶开并没有留他，也没有提起路小佳的事。

路小佳至少还有两三个时辰才能来，他不愿让傅红雪从现在一直紧张到日落时。

他到这里来，本来就不是为了警告傅红雪。

他为的是院子里的棺材。

棺材本来是全新的，漆得很亮，现在却已被碰坏了很多地方，有些甚至已经被烧焦。

若不是赵大突然心血来潮，这些棺材只怕也已被那一把火烧光。

也许那放火的人本就打算将这些棺材烧了的。

叶开捡了一大把石子，坐在石阶上，将石子一粒粒往棺材上掷过去。

石子打中棺材，就发出"咚"的一响。

这棺材是空的。

但等到他掷出的第八粒石子打在棺材上时，声音却变了。

这口棺材竟好像不是空的。

棺材里有什么？

空棺材固然比较多，不空的棺材居然也有好几口。

叶开脸上带着种很奇怪的表情，竟走过去将这几口棺材搬出来。

他为什么突然对空棺材发生了兴趣？

打开棺盖，里面果然不是空的。

棺材里竟有个死人。

除了死人，棺材里还会有什么？

棺材里有死人，本不是件奇怪的事。

但这死人竟赫然是刚才还在跟他说话的张老实。

他静静地躺在棺材里，身上那块油围裙总算已被脱了下来。

这辛苦了一辈子的老实人，现在总算已安息了。

但他刚才明明还在镇上，身上明明还系着那块油围裙，现在怎么已躺在棺材里。

更奇怪的是，陈大倌、丁老四、宋老板和街头粮食行的胡掌柜，居然也都在棺材里。

这些人刚才明明也都在镇上的，怎么会忽然都死在这里？

是什么时候死的？

摸摸他们的胸口，每个人已冰冷僵硬，至少已死了十个时辰。

他们都已死了十来个时辰。

他们若已死了十来个时辰，刚才在镇上和叶开说话的那些人又是谁呢？

叶开看着这些尸身，脸上居然也没有惊奇之色，反而笑了，竟似对自己觉得很满意。

难道这件事本就在他意料之中？

人既然死了，当然有致命的原因。

叶开将这些人的致命伤痕，很仔细地检查了一遍，忽然将他们全都从棺材里拖了出来，藏到庙后的深草中。

然后他就将这几口棺材，又摆回原来的地方。

他自己却还是不肯走，居然掠上屋脊，藏在屋脊后等着。

他在等谁？

他并没有等多久,就看到一骑马自草原上急驰而来,马上人衣衫华丽,背后驼峰高耸,竟是"金背驼龙"丁求。

丁求当然没有看见他,急驰到庙前,忽然自鞍上掠起,掠上墙头。

棺材仍还好好地放在院子里,并不像被人动过的样子。

丁求四下看了一眼,附近也没有人影。

这正是放火的好机会。

于是他就开始放火。

放火也需要技巧的,他在这方面竟是老手,火一燃起,就烧得很快。

将这些棺材带来的人是他,将这些棺材烧了的人也是他。

他为什么要辛辛苦苦将这些棺材带来,又放火烧了呢?

太阳已升得很高了,但距离日落却还有段时候。

叶开已回到镇上来。

他不能不回来,他忽然发觉自己饿得简直可以吞下一匹马。

关帝庙的火已烧了很久,现在火头已小,犹在冒着浓烟。

"关帝庙的火怎么会烧起来的?"

"一定又是那跛子放的火。"

"有人亲眼看见他睡在庙里的神案上。"

一堆人围在火场前议论纷纷,其中赫然又有陈大倌、丁老四和张老实。

叶开却一点也没有觉得奇怪,好像早已算准会在这里看到他们。

但他却没有想到会看见马芳铃。

马芳铃也看见了他,脸上立刻露出很奇怪的表情,似乎正在考虑,不知道是不是应该跟他打招呼。

叶开却已向她走了过去,微笑着道:"你好。"

马芳铃咬着嘴唇,道:"不好。"

她今天穿的不是一身红,是一身白,脸色也是苍白的,看来竟似瘦了很多。

难道她竟连着失眠了两个晚上?

叶开眨了眨眼,又问道:"三老板呢?"

马芳铃瞪着眼,道:"你问他干什么?"

叶开道:"我只不过问问而已。"

马芳铃道:"用不着你问。"

叶开叹了口气,苦笑道:"那么我就不问。"

马芳铃却还是瞪着眼,道:"我倒要问问你,你刚才到哪里去了?"

叶开又笑了,道:"我既然不能问你,你为什么要问我?"

马芳铃道:"我高兴。"

叶开淡淡道:"我也很想告诉你,只可惜男人做的事,有些是不便在女人面前说的。"

马芳铃咬了咬嘴唇，恨恨道："原来你做的都是些见不得人的事。"

叶开道："幸好我还不会放火。"

马芳铃道："放火的是谁？"

叶开道："你猜呢？"

马芳铃道："你看见那姓傅的没有？"

叶开道："当然看见过。"

马芳铃道："几时看见的？"

叶开道："好像是昨天。"

马芳铃瞪着他，狠狠地跺了跺脚，苍白的脸已气红了。

陈大倌想了想，忽然道："不知他会不会去找三老板……"

马芳铃冷笑道："他找不着的。"

陈大倌道："为什么？"

马芳铃道："因为连我都找不着。"

三老板怎么会忽然不见了呢？到哪里去了？

有人正想问，但就在这时，已有一阵马蹄声响起，打断了他们的话。

一匹油光水滑、黑得发亮的乌骓马，自镇外急驰而来。

马上端坐个铁塔般的大汉，光头、赤膊，黑缎绣金花的灯笼裤，倒赶千层浪的绑腿，搬尖大洒鞋，一双手没有提缰，却抱着根海碗粗的旗杆。

四丈多高的旗杆上，竟还站着个人。

一个穿着大红衣裳的人,背负着双手,站在杆头,马跑得正急,他的人却纹风不动,竟似比站在平地上还稳些。

叶开只抬头看了一眼,就忍不住叹了口气,喃喃道:"他来得倒真早。"

乌骓已急驰入镇,每个人都不禁仰起了头去看,显得又是惊奇,又是欢喜。

每个人都已猜出来此人是谁了。

突然间,健马长嘶,已停下了脚。

红衣人还是背负着双手,纹风不动站在长杆上,仰着脸道:"到了?"

光头大汉立刻道:"到了。"

红衣人道:"有没有出来迎接咱们?"

光头大汉道:"好像有几个。"

红衣人道:"都是些什么样的人?"

光头大汉道:"看起来倒都还像个人。"

红衣人这才点了点头,喃喃道:"今天的天气真不错,倒真是杀人的天气。"

叶开笑了,微笑着道:"只可惜在那上面只能杀几只小鸟,人是杀不到的。"

红衣人立刻低下头,瞪着他。

从下面看上去,也可以看得出他是个很漂亮的年轻人,一双眸子更亮如点漆。

他高高在上,瞪着叶开,厉声道:"你刚才在跟谁说话?"

叶开道:"你。"

红衣人道:"你知道我是什么人?"

叶开道:"莫非你就是杀人不眨眼的路小佳?"

红衣人冷笑道:"总算你还有些眼力。"

叶开笑道:"过奖。"

红衣人道:"你是什么人?"

叶开道:"我姓叶。"

红衣人道:"他们请我到这里来杀的人,是不是就是你?"

叶开道:"好像不是。"

红衣人叹了口气,冷冷道:"可惜。"

叶开也叹了口气,道:"实在可惜。"

红衣人道:"你也觉得可惜?"

叶开道:"有一点。"

红衣人道:"我杀了那人后,再来杀你好不好?"

叶开道:"好极了。"

他居然好像觉得很愉快的样子。

红衣人仰起脸,冷冷道:"谁说他看起来像个人的,真是瞎了眼睛。"

光头大汉道:"是,奴才是瞎了眼睛。"

红衣人道:"这里是不是有个姓陈的?"

陈大倌立刻抢身道:"就是在下。"

红衣人道:"你找我来杀的人呢?"

陈大倌赔笑道:"路大侠来得太早了些,那人还没有到。"

红衣人沉下了脸,道:"去叫他来,让我快点杀了他,我没空在这里等。"

听他说话的口气,就好像能死在他手里本是件很荣幸的事,所以早就该等在这里挨宰。

连陈大倌听了都似也觉得有些哭笑不得,又赔着笑道:"路大侠既然来了,为何不先下来坐坐?"

红衣人冷冷道:"这上面凉快……"

一句话未说完,突听"嚓"一声,海碗般粗的旗杆,竟突然断了。

红衣人双臂一振,看来就像是只长着翅膀的红蝙蝠,盘旋着落下。

每个人的眼睛都已看直了,马芳铃突然拍手道:"好轻功……"

她刚说完这三个字,就发现红衣人已落在她面前,瞪大了一双眼睛看着她,冷冷地道:"你又是什么人?"

他的眼睛又黑又亮。

马芳铃的脸却似已有些发红,垂下头道:"我……我姓马。"

又是"砰"的一声,断了的半截旗杆,这时才落下来,打在屋脊上,再掉下来眼看就要打中好几个人的头。

谁知那大汉竟蹿过来,用光头在旗杆上一撞,竟将这段旗杆撞出去四五丈,远远抛在屋脊后。

马芳铃又忍不住嫣然一笑,道:"这个人的头好硬啊。"

红衣人道:"你的头最好也跟他一样硬。"

马芳铃眨了眨眼,道:"为什么?"

红衣人道:"因为还有那半截旗杆,马上就要敲到你头上来了。"

马芳铃怔住。

红衣人沉着脸道:"这旗杆怎么会忽然断了的?难道不是你捣的鬼?我一看见你,就知道你不是什么好东西。"

马芳铃的脸又通红,这次是气红的,她手里还提着马鞭,忽然一鞭向红衣人抽了过去。

谁知红衣人一伸手,就将鞭梢抓住,冷笑道:"好呀,你胆子倒真不小,竟敢跟我动手。"

他的手往后一带,马芳铃就身不由主向这边跌了过来,刚想伸手去掴他的脸,但这只手一伸出来,也被他抓住。

马芳铃连脖子都已涨红,咬着牙道:"你……你放不放开我?"

红衣人道:"不放。"

马芳铃道:"你想怎么样?"

红衣人道:"先跪下来跟我磕三个头,在地上再爬两圈,我就饶了你!"

马芳铃叫了起来,道:"你休想!"

红衣人道:"那么你也休想要我放了你。"

马芳铃咬着牙,跺脚道:"姓叶的,你……你难道是个死人?"

叶开叹了口气,悠悠道:"这里的确有个死人,但却不是我。"

马芳铃恨恨道:"不是你是谁?"

叶开笑了笑,却抬起了头,看着对面的屋脊道:"旗杆明明是你打断的,你何苦要别人替你受罪。"

大家都忍不住跟着他看了过去,屋顶上空空的,连个鬼影子都没有。

但屋檐后却忽然有样东西抛了出来,"噗"地掉落地上,竟是个花生壳。

过了半晌,又有样东西抛出来,却是个风干了的桂圆皮。

红衣人的脸色竟似变了,咬着牙道:"好像那个鬼也来了。"

光头大汉点点头,突然大喝一声,跳起七尺高,抡起了手里的半截旗杆,向屋檐上扑了下去。

只听风声虎虎,整栋房子都像是要被打垮。

谁知屋檐后突然飞出道淡青色的光芒,只一闪,旗杆竟又断了一截。

光头大汉一下子打空,整个人都栽了下来,重重地摔在地上。

那截被削断了的旗杆,却突然弹起,再落下。

屋檐下又有青光闪了闪。

一截三尺多长的旗杆,竟然又变成了七八段,一片片落了下来。

每个人的眼睛都看直了。

叶开又叹了口气,喃喃道:"好快的剑,果然名不虚传。"

红衣人却用力跺了跺脚,恨恨道:"你既然来了,为什么还不下来?"

屋檐后有个人淡淡道:"这上面凉快。"

红衣人跳起来,大声道:"你为什么总是要跟我作对?"

这人道:"你为什么总是要跟别人作对?"

红衣人道:"我跟谁作对?"

这人道:"你明明知道旗杆不是这位马姑娘打断的,为什么要找她麻烦?"

红衣人道:"我高兴。"

叶开笑了。

马芳铃本来已经够不讲理了,谁知竟遇着个比她更不讲理的。

红衣人大声道:"我就是看她不顺眼,跟你又有什么关系?你为什么要帮她说话,我受了别人气时,你为什么从来不帮我?"

这人道:"你是谁?"

红衣人道:"我……我……"

这人道:"杀人不眨眼的路小佳,几时受过别人气的?"

红衣人居然垂下了头,道:"谁说我是路小佳?"

这人道:"不是你说的?"

红衣人道:"是那个人说的,又不是我。"

这人道:"你不是路小佳,谁是路小佳?"

红衣人道:"你。"

这人道:"既然我是路小佳,你为什么要冒充?"

红衣人忽又叫起来,道:"因为我喜欢你,我想来找你。"

这句话说出来,大家又怔住,一个个全都睁大了眼睛,看着他。

红衣人道:"你们看着我干什么,难道我就不能喜欢他?"

他突然将束在头上的红巾用力扯了下来,然后大声道:"你们的眼睛难道全都瞎了,难道竟看不出我是个女人?"

她居然真的是个女人!

她仰起了脸,道:"我已经放开了她,你为什么还不下来?"

屋檐后竟忽然没有人开腔了。

红衣女人道:"你为什么不说话?难道忽然变成了哑巴?"

屋檐后还是没有声音。

红衣女人咬了咬嘴唇,忽然纵身一跃,跳了上去。

屋檐后哪里有人?

人竟已不见,却留下一堆剥空了的花生壳。

红衣女人脸色变了,大喊道:"小路,姓路的,你死到哪里去了,还不给我出来。"

没有人出来。

她跺了跺脚，恨恨道："我看你能躲到哪里去？你就算躲到天边，我也要找到你。"

只见红影一闪，她的人也不见了。

那光头大汉竟也突然从地上跃起，跳上马背，打马而去。

陈大倌怔在那里，苦笑着，喃喃道："看来这女人毛病倒不小。"

马芳铃也在发着怔，忽然轻轻叹息了一声，道："我倒很佩服她。"

陈大倌又一怔，道："你佩服她？"

马芳铃垂下头，轻轻道："她喜欢一个人时，就不怕当着别人面前说出来，她至少比我有勇气。"

一阵风吹过，吹落了屋檐上的花生壳，却吹不散马芳铃心中的幽怨。

她目光仿佛在凝视着远方，但有意无意，却又忍不住向叶开瞧了过去。

叶开却在看着风中的花生壳，仿佛世上再也没有比花生壳更好看的东西。

也不知为了什么，马芳铃的脸突又红了，轻轻跺了跺脚，呼哨一声，她的胭脂马立刻远远奔来。

她立刻蹿上去，忽然反手一鞭，卷起了屋檐上还没有被吹落的花生壳，撒在叶开面前，大声道："你既然喜欢，就全给你。"

花生壳落下来时，她的人和马都已远去。

陈大倌似笑非笑地看着叶开，悠然道："其实有些话不说，也和说出来差不多，叶公子你说对吗？"

叶开淡淡道："不说总比说了的好。"

陈大倌道："为什么？"

叶开道："因为多嘴的人总是讨人厌的。"

陈大倌笑了，当然是假笑。

叶开已从他面前走过去，推开了那扇窄门，喃喃道："不说话没关系，不吃饭才真的受不了，为什么偏偏有人不懂这道理？"

只听一人悠然道："但只要有花生，不吃饭也没关系的。"

这人就坐在屋子里，背对着门，面前的桌子上，摆着一大堆花生。

他剥开一颗花生，抛起，再用嘴接住，抛得高，也接得准。

叶开笑了，微笑着道："你从未落空过？"

这人没有回头，道："绝不会落空的。"

叶开道："为什么？"

这人道："我的手很稳，嘴也很稳。"

叶开道："所以别人才会找你来杀人。"

杀人的确不但要手稳，也要嘴稳。

这人淡淡道："只可惜他们并不是要我来杀你。"

叶开道："你杀了那人后，再来杀我好不好？"

这人道："好极了。"

叶开大笑。

这人忽然也大笑。

刚走进来的陈大倌却怔住了。

叶开大笑着走过去，坐下，伸手拿起了一颗花生。

这人的笑容突然停顿。

他也是个年轻人。一个奇怪的年轻人，有着双奇怪的眼睛，就连笑的时候，这双眼睛都是冰冷的，就像是死人的眼睛，没有情感，也没有表情。

他看着叶开手里的花生，道："放下去。"

叶开道："我不能吃你的花生？"

这人冷冷道："不能，你可以叫我杀了你，也可以杀了我，但却不能吃我的花生。"

叶开道："为什么？"

这人道："因为路小佳说的。"

叶开道："谁是路小佳？"

这人道："我就是。"

眼睛是死灰色的，但却在闪动着刀锋般的光芒，叶开看着自己手里的花生，喃喃道："看来这只不过是颗花生而已。"

路小佳道："是的。"

叶开道："和别的花生有没有什么不同？"

路小佳道："没有。"

叶开道："那么我为什么一定要吃这颗花生呢？"

他微笑着，将花生慢慢地放回去。

路小佳又笑了，但眼睛还是冰冷，道："你一定就是叶开。"

叶开道："哦？"

路小佳道:"除了叶开外,我想不出还有你这样的人。"

叶开道:"这是恭维?"

路小佳道:"有一点。"

叶开叹了口气,苦笑道:"只可惜十斤恭维话,也比不上一颗花生。"

路小佳凝视着他,过了很久,才缓缓道:"你从不带刀的?"

叶开道:"至少还没有人看见我带刀。"

路小佳道:"为什么?"

叶开道:"你猜呢。"

路小佳道:"是因为你从不杀人?还是因为你杀人不必用刀?"

叶开笑了笑,但眼睛里却也没有笑意。

他眼睛正在看着路小佳的剑。

一柄很薄的剑,薄而锋利。

没有剑鞘。

这柄剑就斜斜地插在他腰带上。

叶开道:"你从不用剑鞘?"

路小佳道:"至少没有人看过我用剑鞘。"

叶开道:"为什么?"

路小佳道:"你猜呢?"

叶开道:"是因为你不喜欢剑鞘?还是因为这柄剑本就没有鞘?"

路小佳道:"无论哪柄剑,炼成时都没有鞘。"

叶开道:"哦?"

路小佳道:"剑鞘是后来才配上去的。"

叶开道:"这柄剑为何不配鞘?"

路小佳道:"杀人的是剑,不是鞘。"

叶开道:"当然。"

路小佳道:"别人怕的也是剑,不是鞘。"

叶开道:"有道理。"

路小佳道:"所以剑鞘是多余的。"

叶开道:"你从来不做多余的事?"

路小佳道:"我只杀多余的人!"

叶开道:"多余的人?"

路小佳道:"有些人活在世上,本就是多余的。"

叶开又笑了,道:"你这道理听起来倒的确很有趣的。"

路小佳道:"现在你也已同意?"

叶开微笑着,道:"我知道有两个人佩剑也从来不用鞘的,但他们却说不出如此有趣的道理。"

路小佳道:"也许他们纵然说了,你也未必能听得到。"

叶开道:"也许他们根本不愿说。"

路小佳道:"哦?"

叶开道:"我知道他们都不是多话的人,他们的道理只要自己知道就已足够,很少会说给别人听。"

路小佳盯着他,说道:"你真知道他们是什么样的人?"

叶开点点头。

路小佳冷冷道："那么你就知道得太多了。"

叶开道："但我却不知道你。"

路小佳道："幸好你还不知道，否则这里第一个死的人就不是傅红雪，是你。"

叶开道："现在呢？"

路小佳道："现在我还不必杀你。"

叶开笑了笑，道："你不必杀我，也未必能杀得了他。"

路小佳冷笑。

叶开道："你见过他的武功？"

路小佳道："没有。"

叶开道："既然没有见过，怎么能有把握？"

路小佳道："但我却知道他是个跛子。"

叶开道："跛子也有很多种。"

路小佳道："但跛子的武功却通常只有一种。"

叶开道："哪一种？"

路小佳道："以静制动，后发制人，那意思就是说他出手一定要比别人快。"

叶开点点头，道："所以他才能后发先至。"

路小佳忽然抓起一把花生，抛起。

突然间，他的剑已出手。

剑光闪动，仿佛只一闪，就已回到他的腰带上。

花生却落入他手里——剥了壳的花生，比手剥得还干净。

花生壳竟已粉碎。

门口突然有人大声喝彩,就连叶开都忍不住要在心里喝彩。

好快的剑!

路小佳拈起颗花生,送到嘴里,冷冷道:"你看他是不是能比我快?"

叶开沉默着,终于轻轻叹了口气,道:"我不知道……幸好我还不知道。"

路小佳道:"只可惜了这些花生。"

叶开道:"花生还是你吃的。"

路小佳道:"但花生却要一颗颗地剥,一颗颗地吃,才有滋味。"

叶开道:"我倒宁愿吃剥了壳的。"

路小佳道:"只可惜你吃不到。"

他的手一提,花生突然一连串飞出,竟全都像钉子般钉入柱子里。

叶开叹道:"你的花生宁可丢掉,也不给人吃?"

路小佳淡淡道:"我的女人也一样,我宁可杀了她,也不会留给别人。"

叶开道:"只要是你喜欢的,你就绝不留给别人?"

路小佳道:"不错。"

叶开又叹了口气,苦笑道:"幸好你喜欢的只不过是花生和女人。"

路小佳道:"我也喜欢银子。"

叶开道:"哦?"

路小佳道:"因为没有银子,就没有花生,更没有女人。"

叶开道:"有道理,世上虽然有很多东西比金钱重要,但这些东西往往也只有钱才能得到。"

路小佳也笑了。

他的笑冷酷而奇特,冷冷地笑着道:"你说了半天,也只有这一句才像叶开说的话。"

## 第二十二章

## 杀人前后

陈大倌、张老实、丁老四,当然已全都进来了,好像都在等着路小佳吩咐。

但路小佳却仿佛一直没有发觉他们的存在。

直到现在,他还是没有回头去看他们一眼,却冷冷道:"这里有没有替我付钱的人?"

陈大倌立刻赔笑道:"有,当然有。"

路小佳道:"我要的你全能做到?"

陈大倌道:"小人一定尽力。"

路小佳冷冷道:"你最好尽力。"

陈大倌道:"请吩咐。"

路小佳道:"我要五斤花生,要干炒的,不太熟,也不太生。"

陈大倌道:"是。"

路小佳道:"我还要一大桶热水,要六尺高的大木桶。"

陈大倌道:"是。"

路小佳道:"还得替我准备两套全新的内衣,麻纱和府绸的都行。"

陈大馆道:"两套?"

路小佳道:"两套,先换一套再杀人,杀人后再换一套。"

陈大馆道:"是。"

路小佳道:"花生中若有一颗坏的,我就砍断你的手,有两颗,就要你的命。"

陈大馆倒抽了口凉气,道:"是。"

叶开忽然道:"你一定要洗过澡才杀人?"

路小佳道:"杀人不是杀猪,杀人是件很干净痛快的事。"

叶开带着笑道:"被你杀的人,难道也一定要先等你洗澡?"

路小佳冷冷道:"他可以不等,我也可以先砍断他的腿,洗过澡后再要他的命。"

叶开叹了口气,苦笑道:"想不到你杀人之前还有这么多麻烦。"

路小佳道:"我杀人后也有麻烦。"

叶开道:"什么麻烦?"

路小佳道:"最大的麻烦。"

叶开道:"女人?"

路小佳道:"这是你说的第二句聪明话。"

叶开笑道:"男人最大的麻烦本就是女人,这道理只怕连最笨的男人也懂得。"

路小佳道:"所以你还得替我准备个女人,要最好的女人。"

陈大馆迟疑着,道:"可是刚才那位穿红衣服的姑娘如果又来了呢?"

路小佳忽然又笑了,道:"你怕她吃醋?"

陈大馆苦笑道:"我怎么不怕,我这脑袋很容易就会被敲碎的。"

路小佳道:"你以为她真是来找我的?"

陈大馆道:"难道不是?"

路小佳道:"我根本从来就没有见过她这个人。"

陈大馆怔了怔,道:"那么她刚才……"

路小佳沉下了脸,道:"你难道看不出她是故意来捣乱的!"

陈大馆怔住。

路小佳道:"那一定是你们泄露了风声,她知道我要来,所以就抢先来了。"

陈大馆道:"来干什么呢?"

路小佳冷冷道:"你为何不问她去?"

陈大馆眼睛里忽然露出种惊惧之色,但脸上却还是带着假笑。

这假笑就好像是刻在他脸上的。

陈大馆的绸缎庄并不大,但在这种地方,已经可以算是很有气派了。

今天绸缎庄当然不会有生意,所以店里面两个伙计也显得没精打采的样子,只希望天快黑,好赶回家去,他们在店里虽然是伙计,在家里却是老板。

陈大倌并没有在店里停留,一回来就匆匆赶到后面去。

穿过后面小小的一个院子,就是他住的地方。

他永远想不到院子里竟有个人在等着他。

院子里有棵榕树,叶开就站在树下,微笑着,道:"想不到我在这里?"

陈大倌一怔,也立刻勉强笑道:"叶公子怎么没有在陪路小佳聊天?两位刚才岂非聊得很投机?"

叶开叹了口气,道:"他连颗花生都不请我吃,我却饿得可以吞下一匹马。"

陈大倌道:"我正要赶回来起火烧水的,厨房里也还有些饭菜,叶公子若不嫌弃……"

叶开抢着道:"听说陈大嫂烧得一手好菜,想不到我也有这口福尝到。"

陈大倌叹了口气,道:"只可惜叶公子今天来得不巧,正赶上她有病。"

叶开皱眉道:"有病?"

陈大倌道:"而且病得还不轻,连床都下不来。"

叶开突然冷笑,道:"我不信。"

陈大倌又怔了怔,道:"这种事在下为什么要骗叶公子?"

叶开冷冷道:"她昨天还好好的,今天怎么就忽然病了?我倒要看看她得的什么怪病。"

他沉着脸,竟好像准备往屋里闯。

陈大倌垂下头,缓缓道:"既然如此,在下就带公子去看看也好。"

他真的带着叶开从客厅走到后面的卧房,悄悄推开门,掀起了帘子。

屋里光线很暗,窗子都关得严严的,充满了药香。

一个女人面向着墙,睡在床上,头发乱得很,还盖着床被,果然是在生病的样子。

叶开叹了口气,道:"看来我倒错怪你了。"

陈大倌赔笑道:"没关系。"

叶开道:"这么热的天,她怎么还盖被?没病也会热出病来的。"

陈大倌道:"她在打摆子,昨天晚上盖了两床被还在发抖。"

叶开忽然笑了笑,淡淡道:"死人怎么还会发抖的呢?"

这句话没说完,他的人已冲了进去,掀起了被。

被里是红的。

血是红的!人已僵硬冰冷。

叶开轻轻地盖起了被,就好像生怕将这女人惊醒。

他当作她永不会醒。

叶开叹息了一声,慢慢地回过头。

陈大倌还站在那里,阴沉沉的笑容——就仿佛刻在脸上的。

叶开叹道:"看来我已永远没有口福尝到陈大嫂做的

菜了。"

陈大倌冷冷道："死人的确不会做菜。"

叶开道："你呢？"

陈大倌道："我不是死人。"

叶开道："但你却应该是的。"

陈大倌道："哦。"

叶开道："因为我已在棺材里看过你。"

陈大倌的眼皮在跳，脸上却还是带着微笑——这笑容本就是刻在脸上的。

叶开说道："要扮成陈大倌的确并不太困难，因为这人本就整天在假笑，脸上本就好像在戴着个假面具。"

陈大倌冷冷道："所以这人本就该死。"

叶开道："但你无论扮得多像，总是瞒不过他老婆的，天下还没有这么神秘的易容术。"

陈大倌道："所以他的老婆也该死。"

叶开道："我只奇怪，你们为什么不将他老婆也一起装进棺材里？"

陈大倌道："有个人睡在这里总好些，也免得伙计疑心。"

叶开道："你想不到还是有人起疑心。"

陈大倌道："的确想不到。"

叶开道："所以我也该死？"

陈大倌忽然叹了口气，道："其实这件事根本就和你完全没有关系。"

叶开点点头，道："我明白，你们为的是要对付傅红雪。"

陈大倌也点点头,道:"他才真的该死。"

叶开道:"为什么?"

陈大倌冷笑道:"你不懂?"

叶开道:"只要是万马堂的对头都该死?"

陈大倌的嘴闭了起来。

叶开道:"你们是万马堂找来的?"

陈大倌的嘴闭得更紧。

但是他的手却松开了,手本是空的,此刻却有一蓬寒光暴雨般射了出来。

就在这同一刹那间,窗外也射入了一点银星,突然间,又花树般散开。

一点银星竟变成了一蓬花雨,银光闪动,亮得令人连眼睛都张不开。

也就在这同一刹那间,一柄刀已插入了"陈大倌"的咽喉。

他至死也没有看见这柄刀是从哪里来的。

刀看不见,暗器却看得见。

暗器看得见,叶开的人却已不见了。

接着,满屋闪动的银光、花雨也没有了消息。

叶开的人还是看不见。

风在窗外吹,屋子里却连呼吸都没有。

过了很久,突然有一只手轻轻地推开了窗子——一只很好看的手,手指很长,指甲也很干净。

但衣袖却脏得很,又脏、又油、又腻。

这绝不是张老实的手,却是张老实的衣袖。

一张脸悄悄地伸进来,也是张老实的脸。

他还是没有看见叶开,却看见陈大倌咽喉上的刀。

他的手突然僵硬。

然后他自己咽喉上也突然多了一柄刀。

他至死也没有看见这柄刀。

插在别人咽喉上的刀,当然就已没有危险,他当然看得见。

不幸的是,他只看见了刀柄。

难道真的只有看不见的刀,才是最可怕的?

叶开轻烟般从屋梁上掠下来,先拾取了两件暗器,再拔出了他的刀。

他凝视着他的刀,表情忽然变得非常严肃,严肃得甚至已接近尊敬。

"我绝不会要你杀死多余的人。我保证,我杀的人都是非杀不可的!"

宋老板张开了眼睛。

屋子里有两个人,两个人都睡在床上,一个女人面朝着墙,睡的姿势几乎和陈大倌的妻子完全一样,只不过头发已灰白。

他们夫妻年纪都已不小。

他们似乎都已睡着。

直到屋子里有了第三个人的声音时，宋老板才张开眼睛。

他立刻看见了一只手。

手里有两样很奇怪的东西，一样就像是山野中的芒草，一样却像是水银凝结成的花朵。

他再抬头，才看见叶开。

屋子里也很暗，叶开的眼睛却亮得像是两盏灯，正凝视着他，道："你知道这是什么？"

宋老板摇了摇头，目中充满了惊讶和恐惧，连脖子都似已僵硬。

叶开道："这是暗器。"

宋老板道："暗器？"

叶开道："暗器就是种可以在暗中杀人的武器。"

宋老板也不知是否听懂，但总算已点了点头。

叶开道："这两样暗器，一种叫'五毒如意芒'，另一种叫'火树银花'，正是采花蜂、潘伶的独门暗器。"

宋老板舔了舔发干的嘴唇，勉强笑道："这两位大侠的名字我从未听说过。"

叶开道："他们不是大侠。"

宋老板道："不是？"

叶开道："他们都是下五门的贼，而且是采花贼。"

他沉下了脸，接着道："我一向将别人的性命看得很重，但他们这种人却是例外。"

宋老板道："我懂……没有人不恨采花贼的。"

叶开道："但他们也是下五门中，最喜用暗器的五个人。"

宋老板道："五个人？"

叶开道："这五个人就叫作江湖五毒，除了他们两个人，还有三个更毒的。"

宋老板动容道："这五个人难道已全都来了？"

叶开道："大概一个也不少。"

宋老板道："是什么时候来的？"

叶开道："前天，就是有人运棺材来的那一天。"

宋老板道："我怎么没看见那天有五个这样的陌生人到镇上来！"

叶开道："那天来的还不止他们五个，只不过全都是躲在棺材中来的，所以镇上没有人发现。"

宋老板道："那驼子运棺材来，难道就是为了要将这些人送来？"

叶开道："大概是的。"

宋老板道："现在他们难道还躲在棺材里？"

叶开道："现在棺材里已只有死人。"

宋老板松了口气，道："原来他们全都死了。"

叶开道："只可惜死的不是他们，是别人。"

宋老板道："怎么会是别人？"

叶开道："因为他们出来时，就换了另一批人进去了。"

宋老板失声道："换了什么人进去？"

叶开道："现在我只知道采花蜂换的是陈大官，潘伶换的是张老实。"

宋老板道:"他……他们怎么换的?"

叶开道:"这镇上有个人,本是天下最善于易容的人!"

宋老板道:"谁?"

叶开道:"西门春。"

宋老板皱眉道:"西门春又是谁呢?我怎么也从未听见过?"

叶开道:"我现在也很想找出他是谁,我迟早总会找到的。"

宋老板道:"你说他将采花蜂扮成陈大倌,将潘伶扮成了张老实?"

叶开点点头,道:"只可惜无论多精妙的易容术,也瞒不过自己亲人的,所以他们第一个选中的就是张老实。"

宋老板道:"为什么?"

叶开道:"因为张老实既没有亲人,也没有朋友,而且很少洗澡,敢接近他的人本就不多。"

宋老板道:"所以他就算变了样子,也没有人会去注意的。"

叶开道:"只可惜像张老实、丁老四这样的人,镇上也没几个。"

宋老板道:"他们为什么要选中陈大倌呢?"

叶开道:"因为他也是个很讨厌的人,也没有什么人愿意接近他。"

宋老板道:"但他却有老婆。"

叶开道:"所以他的老婆也非死不可。"

宋老板叹了口气,道:"这真是闭门家中坐,祸从天上来了。"

他叹息着,想坐起来,但叶却按住了他的肩,道:"我对你说了很多事,也有件事要问你。"

宋老板道:"请指教。"

叶开道:"张老实既然是潘伶,陈大倌既然是采花蜂,你是谁呢?"

宋老板怔了怔,讷讷道:"我姓宋,叫宋大极,只不过近来已很少有人叫我名字。"

叶开道:"那是不是因为大家都知道你老奸巨猾,没有人敢缠你?"

宋老板勉强笑道:"幸好那些人还没有选中我做他们的替身。"

叶开道:"哦?"

宋老板道:"我想,叶公子总不会认为我也是冒牌的吧?"

叶开道:"为什么不会?"

宋老板道:"我这黄脸婆,跟了我几十年,难道还会分不出我是真是假?"

叶开冷冷道:"她若已是死人的话,就分不出真假来了。"

宋老板失声道:"我难道还会跟死人睡在一张床上不成?"

叶开道:"你们还有什么事做不出的?莫说是死人,

就算是死狗……"

他的话还没有说完,床上睡着的老太婆突然叹息着,翻了个身。

叶开的话说不下去了。

死人至少是不会翻身的。

只听他老婆喃喃自语,仿佛还在说梦话……死人当然也不会说梦话。

叶开的手缩了回去。

宋老板目中露出了得意之色,悠然道:"叶公子要不要把她叫起来,问问她?"

叶开只好笑了笑,道:"不必了。"

宋老板终于坐了起来,笑道:"那么就请叶公子到厅上奉茶。"

叶开道:"也不必了。"

他似乎已不好意思再耽下去,已准备要走,谁知宋老板突然抓起那老太婆的腕子,将她整个人向叶开掷过来。

这一招当然也很出人意料,叶开正不知是该伸手去接,还是不接。

就在这时,被窝里已突然喷出一股烟雾。

浅紫色的烟雾,就像是晚霞般美丽。

叶开刚伸手托住那老太婆,送回床上,他自己的人已在烟雾里。

宋老板看着他,目中带着狞笑,等着他倒下去。


叶开居然没有倒下去。

烟雾消散时，宋老板就发现他的眼睛还是和刚才一样亮。

这简直是奇迹。

只要闻到一丝化骨瘴，铁打的人也要软成泥。

宋老板全身都似已因恐惧而僵硬。

叶开看着他，轻轻叹了口气，道："果然是你。"

宋老板道："你早就知道我是谁了？"

叶开道："若不知道，我现在已倒了下去。"

宋老板道："你来的时候已有准备？"

叶开笑了笑，道："我既然已对你说了那些话，你当然不会再让我走的，若是没有准备，我怎么还敢来？"

宋老板咬着牙，道："但我却想不出你怎能化解我的化骨瘴。"

叶开道："你可以慢慢地去想。"

宋老板眼睛又亮了。

叶开道："只要你说出是谁替你易容改扮的，也许还可以再想个十年二十年。"

宋老板道："我若不说呢？"

叶开淡淡道："那么你只怕永远没时间去想了。"

宋老板瞪着他，冷笑道："也许我根本不必想，也许我可以要你自己说出来。"

叶开道："你连一分机会也没有。"

宋老板道："哦？"

叶开道："只要你的手一动，我就立刻叫你死在床上。"

他的语调温文,但却充满一种可怕的自信,令人也不能不信。

宋老板看着他,长长叹了口气,道:"我连你究竟是谁都不知道,但是我却相信你。"

叶开微笑道:"我保证你绝不会后悔的。"

宋老板道:"我若不说,你永远想不到是谁……"

他这句话并没有说完。

突然间,他整个人一阵痉挛,眼睛已变成死黑色,就好像是两盏灯突然熄灭。

叶开立刻蹲过去,就发现他脖子上钉着一根针。

惨碧色的针。

杜婆婆又出手了!她果然没有死。

她的人在哪里?难道就是宋老板的妻子?

但那老太婆的人却已软瘫,呼吸也已停顿,化骨瘴并不是人人都可以像叶开一样抵抗的。

断肠针是从哪里打来的呢?

叶开抬起头,才发现屋顶上有个小小的气窗,已开了一线。

他并没有立刻蹿上去。

他很了解断肠针是种什么样的暗器。

刚才他是从什么地方进来,现在也要从什么地方出去。

因为他知道这是条最安全的路。

# 第二十三章

## 铃儿响叮当

外面也有个小小的院子。

叶开退出门,院子里阳光遍地。一条黑猫正懒洋洋地躺在树荫下,瞪着墙角花圃间飞舞着的蝴蝶,想去抓,又懒得动。

屋顶上当然没有人。

叶开也知道屋顶上已绝不会有人了,杜婆婆当然不会还在那里等着他。

他叹了口气,忽然觉得自己就像这条猫一样,满心以为只要一出手,就可以抓住那蝴蝶。

其实它就算不懒,也一样抓不到蝴蝶的。蝴蝶不是老鼠,蝴蝶会飞。

蝴蝶飞得更高了。

突然间,一双手从墙外伸进来,"啪"的一声,就将蝴蝶夹住。

蝴蝶不见了,手也不见了。

墙头上却已有个人在坐着。

墙外是一片荒瘠的田地，也不知种的是麦子，还是梅花。

在这种地方，无论种什么，都不会有好收成的，但却还是要将种子种下去。

这就是生活。每个人都要活下去，每个人都得要想个法子活下去。

荒田间，也有些破烂的小屋，他们才是这贫穷的荒地上，最贫穷的人。

在这小屋子里长大的孩子，当然一个个都面有菜色。但孩子毕竟还是孩子，总是天真的。

现在正有七八个孩子，围在墙外，睁大了眼睛，看着树下的一个人。

坐在墙头上的叶开，也正在看着这个人。

这人圆圆的脸，大大的眼睛，皮肤雪白粉嫩，笑起来一边一个酒窝。

她也许并不能算是个美人，但却无疑是个很可爱的女人。

现在她穿着件轻飘飘的月白衫子，雪白的脖子上，戴着个金圈圈，金圈圈上还挂着两枚金铃铛。

她手上也戴着个金圈圈，上面也有两枚金铃铛，风吹过的时候，全身的铃铛就"叮铃铃"地响。

但刚才她并不是这种打扮的，刚才她穿着的是件大红衣裳。

刚才她站在旗杆上，现在却站在树下。

她面前摆着张破木桌子，桌上摆着一个穿红衣服的洋娃娃、一面刻着花的银牌、一块紫水晶、一条五颜六色的链子、一对绣花荷包、一个鸟笼、一个鱼缸。

她刚抓来的那只蝴蝶,也和这些东西放在一起。谁也想不出她是从什么地方将这些东西弄到这里来的。最妙的是,鸟笼里居然有对金丝雀,鱼缸里居然也有双金鱼。

孩子们看着她,简直就好像在看着刚从云雾中飞下来的仙女。

她拍着手,笑道:"好,现在你们排好队,一个个过来拿东西,但一个人只能选一样拿走,贪心的人我是要打他屁股的。"

孩子们果然很听话。

第一个孩子走过,直着眼睛发了半天愣,这些东西每样都是他没看过的,他实在已看得眼花缭乱,到最后才选了那面银牌。第二个孩子选的是金丝雀。

大眼睛的少女笑道:"好,你们都选得很好,将来一个可以去学做生意,一个可以去学作诗。"

两个孩子都笑了,笑得很开心。

第三个是女孩子,选的是那绣花荷包。

第四个孩子最小,正在流着鼻涕,选了半天,竟选了那只死蝴蝶。

少女皱了皱眉,道:"你知不知道别的东西比这死蝴蝶好?"

孩子点了点头。

少女道:"那么你为什么要选这只死蝴蝶呢?"

孩子嗫嚅着,吃吃道:"因为我选别的东西,他们一定会想法子来抢走的，我又打不过他们，不好的东西才没有人抢，我才可以多玩几天。"

少女看着他，忽然笑了，嫣然道："想不到你这孩子倒很聪明。"

孩子红着脸，垂下头。

少女眨着眼，又笑道："我认得一个人，他的想法简直就跟你完全一样。"

孩子忍不住道："他打不过别人？"

少女道："以前他总是打不过别人，所以也跟你一样，总是情愿自己吃点亏。"

孩子道："后来呢？"

少女笑道："就因为这缘故，所以他就拼命地学本事，现在已没有人打得过他了。"

孩子也笑一笑，道："现在好东西一定全是他的了。"

少女道："不错，所以你若想要好东西，也得像他一样，去拼命学本事，你懂不懂？"

孩子点头道："我懂，一个人要不被别人欺负，就要自己有本事。"

少女嫣然道："对极了。"

她从手腕上解下个金铃铛，道："这个给你，若有别人抢你的，你告诉我，我就打他屁股。"

孩子却摇摇头，道："现在我不要。"

少女道："为什么？"

孩子道："因为你一定会走的，我要了，迟早还是会被抢走,等以后我自己有了本事,我自然就会有很多好东西的。"

少女拍手道:"好,你这孩子将来一定有出息。"

孩子眨着眼,道:"是不是就跟你那朋友一样?"

少女道:"对极了。"

她忽就弯下腰,在这孩子脸上亲了亲。

孩子红着脸跑走了,却又忍不住回过头问道:"那个拼命学本事的人,叫什么名字?"

少女道:"你为什么要问?"

孩子道:"因为我要学他,所以我要把他的名字记在心里。"

少女眨着眼,柔声道:"好,你记着,他姓叶,叫叶开。"

孩子们终于全都走了。少女伸了个懒腰,靠在树上,一双美丽的大眼睛正在瞟着叶开。

叶开在微笑。

少女眼波流动,悠然道:"你得意什么?我只不过叫一个流鼻涕的小鬼来学你而已。"

叶开笑道:"其实他应该学你的。"

少女道:"学我什么?"

叶开道:"只要看见好东西,就先拿走再说,管他有没有人来抢呢?"

少女咬着嘴唇,瞪着他,过了很久,才慢慢地说道:"但若是我真喜欢的东西,就算有人拿走,我迟早也一定要抢回来的,拼命也要抢回来。"

叶开叹了口气,苦笑道:"可是丁大小姐喜欢的东西,又有谁敢来抢呢?"

少女也笑了,嫣然道:"他们不来抢,总算是他们的运气。"

她笑得花枝招展,全身的铃铛也开始"叮铃铃"地直响。

她的名字就叫丁灵琳。她身上的铃铛,就叫"丁灵琳的铃铛"。

丁灵琳的铃铛并不是很好玩的东西,也并不可笑。非但不可笑,而且可怕。

事实上,江湖中有很多人简直对丁灵琳的铃铛怕得要命。

但叶开却显然不怕。这世界上好像根本就没什么是他害怕的。

丁灵琳笑完了,就又瞪起眼睛看着他,道:"喂,你忘了没有?"

叶开道:"忘了什么?"

丁灵琳道:"你要我替你做的事,我好歹已替你做了。"

叶开道:"哦?"

丁灵琳道:"你要我冒充路小佳,去探听那些人的来历。"

叶开道:"你好像并没有探听出来。"

丁灵琳道:"那也不能怪我。"

叶开道："不怪你怪谁？"

丁灵琳道："怪你自己，你自己说他不会这么早来的。"

叶开道："我说过？"

丁灵琳道："你还说，就算他来了，你也不会让我吃亏。"

叶开道："你好像也没有吃亏。"

丁灵琳恨恨道："但我几时丢过那种人？"

叶开道："谁叫你整天正事不做，只顾着去欺负别人。"

丁灵琳的眼睛突然瞪得比铃铛还圆，大声道："别人？别人是谁？你和她又有什么关系？到现在还帮着她说话？"

叶开苦笑道："至少她并没有惹你。"

丁灵琳道："她就是惹了我，我看见她在你旁边，我就不顺眼。"

别人还以为她在为了路小佳吃醋，谁知她竟是为了叶开。

她对路小佳说的那些话，原来也只不过是说给叶开听的。

她的手叉着腰，瞪着眼睛，又道："我追了你三个多月，好容易才在这里找到你，你要我替你装神扮鬼，我也依着你，我有哪点对不起你，你说！"

叶开还有什么话可说的？

丁灵琳跺着脚，脚上也有铃铛在响，但她说话却比铃铛还脆还急。

叶开就算有话说，也没法子说得出来。

丁灵琳道："我问你，你明明要对付马空群，为什么又帮着他的女儿？那小丫头究竟跟你有什么见不得人的关系？"

叶开道："什么关系也没有。"

丁灵琳冷笑道："好，这是你说的，你们既然没有关系，我现在就去杀了她。"

丁大小姐说出来的话，一向是只要说得出，就做得到的。

叶开只有赶紧跳下来，拦住她，苦笑道："我认得的女人也不知道有多少个，你难道要把她们一个个全都杀了？"

丁灵琳道："我只杀这一个。"

叶开道："为什么？"

丁灵琳道："我高兴。"

叶开叹了一口气，说道："好吧，你究竟要我怎么样？"

丁灵琳眼珠子转了转，道："第一，我要你以后无论到哪里去，都不许甩开我。"

叶开道："嗯。"

丁灵琳的大眼睛眯起来了，用她那晶莹的牙齿，咬着纤巧的下唇，用眼角瞟着叶开，道："还有，我要你拉着我的手，到镇上去走一圈，让每人都知道我们是……是好朋友，你答不答应？"

叶开又叹了口气,苦笑道:"莫说只要我拉着你的手,就算要我拉着你的脚都没关系。"

丁灵琳笑了。

她笑起来的时候,身上的铃铛又在"叮铃铃"地响,就好像她的笑声一样清悦动人。

烈日。

大地被烘烤得就像是一张刚出炉的麦饼,草木就是饼上的葱。你若伸手去摸一摸,就会感觉出它是热的。

马芳铃打着马,狂奔在草原上。

草原辽阔,晴空万里。

一粒粒珍珠般的汗珠,沿着她纤巧的鼻子流下来,她整个人都像是在烤炉里。

她根本不知道要往哪里去。直到现在,她才知道自己是个多么可怜的人,她忽然对自己起了种说不出的同情和怜悯。

她虽然有个家,但家里却已没有一个可以了解她的人。

沈三娘走了,现在连她的父亲都已不在。

朋友呢?没有人是她的朋友,那些马师当然不是,叶开……叶开最好去死。

她忽然发觉自己在这世界上竟是完全无依无靠的。这种感觉简直要令她发疯。

第二十四章

## 烈日照大旗

"关东万马堂"鲜明的旗帜,又在风中飘扬。

你若站在草原上,远远看过去,有时甚至会觉得那像是一个离别的情人,在向你挥着丝巾。

那上面五个鲜血的字,却像是情人的血和泪。

这五个字岂非就是血泪交织成的。

现在正有一个人静静地站在草原上,凝视着这面大旗。

他的身形瘦削而倔强,却又带着种无法描述的寂寞和孤独。

碧天长草,他站在那里,就像是这草原上一棵倔强的树。

树也是倔强、孤独的。却不知树是否也像他心里有那么多痛苦和仇恨?

马芳铃看到了他,看到了他手里的刀:阴郁的人,不祥的刀。

但她看见他时,心里却忽然起了种说不出的温暖之意,就仿佛刚把一杯辛辣的苦酒,倒下咽喉。

她本不该有这种感觉。

一个孤独的人，看到另一个孤独的人时，那种感觉除了他自己外，谁也领略不到。

她什么都不再想，就打马赶了过去。

傅红雪好像根本没有发现她——至少并没有回头看她。

她已跃下马，站着凝视着那面大旗，有风吹过的时候，他就可以听见她急促的呼吸。

风并不大。烈日之威，似已将风势压了下去，但风力却刚好还能将大旗吹起。

马芳铃忽然道："我知道你心里在想什么。"

傅红雪没有听见，他拒绝听。

马芳铃道："你心里一定在想，总有一天要将这面大旗砍倒。"

傅红雪闭紧了嘴，也拒绝说。

但他却不能禁止马芳铃说下去，她冷笑了一声，道："可是你永远砍不倒的！永远！"

傅红雪握刀的手背上，已暴出青筋。

马芳铃道："所以我劝你，还是赶快走，走得愈远愈好。"

傅红雪忽然回过头，瞪着她。他的眼睛里仿佛带着种火焰般的光，仿佛要燃烧了她。

然后他才一字字道："你知道我要砍的并不是那面旗，是马空群的头！"

他的声音就像刀锋一样。

马芳铃竟不由自主后退了两步，却又大声道："你为什么要这样恨他？"

傅红雪笑了，露出了雪白的牙齿，笑得就像头愤怒的野兽。

无论谁看到这种笑容，都会了解他心里的仇恨有多么可怕。

马芳铃又不由自主后退了半步，大声道："可是你也永远打不倒他的，他远比你想象的强得多，你根本比不上他！"

她的声音就像是在呼喊。一个人心里愈恐惧时，说话的声音往往就愈大。

傅红雪的声音却很冷静，缓缓道："你知道我一定可以杀了他的，他已经老了，太老了，老得已只敢流血。"

马芳铃拼命咬着牙，但是她的人却已软了下去，她甚至连愤怒的力量都没有，只是恐惧。

她忽然垂下了头，黯然道："不错，他已老了，已只不过是个无能为力的老头子，所以你就算杀了他对你也没什么好处。"

傅红雪目中也露出一种残酷的笑意，道："你是不是在求我不要杀他？"

马芳铃道："我……我是在求你，我从来没有这样求过别人。"

傅红雪道："你以为我会答应？"

马芳铃道："只要你答应，我……"

傅红雪道:"你怎么样?"

马芳铃的脸突然红了,垂着头道:"我就随便你怎么样,你要我走,我就跟着你走,你要我到哪里,我就到哪里。"

她一口气说完了这些话,说完了之后,才后悔自己为什么会说出这些话。连她自己也不知道这些话是不是她真心想说的。

难道这只不过是她在试探傅红雪,是不是还像昨天那么急切地想得到她!

用这种方法来试探,岂非太愚蠢、太危险、太可怕了!

幸好傅红雪并没有拒绝,只是冷冷地看着她。

她忽然发现他的眼色不但残酷,而且还带着种比残酷更令人无法忍受的讥诮之意。

他好像在说:"昨天你既然那样拒绝我,今天为什么又来找我?"

马芳铃的心沉了下去。这无言的讥诮,实在比拒绝还令人痛苦。

傅红雪看着她,忽然道:"我只有一句话想问你——你是为了你父亲来求我的?还是为了你自己?"

他并没有等她回答,问过了这句话,就转身走了,左腿先跨出一步,右腿再慢慢地跟了上去。这种奇特而丑陋的走路姿态,现在似乎也变成了一种讽刺。

马芳铃用力握紧了她的手,用力咬着牙,却还是倒了下去。

砂土是热的，又咸又热又苦。她的泪也一样。

刚才她只不过是在可怜自己，同情自己，此刻却是在恨自己，恨得发狂，恨得要命，恨不得大地立刻崩裂，将她埋葬！

刚才她只想毁了那些背弃她的人，现在却只想毁了自己……

太阳刚好照在街心。

街上连个人影都没有，但窗隙间，门缝里，却有很多双眼睛在偷偷地往外看，看一个人。

看路小佳。

路小佳正在一个六尺高的大木桶里洗澡，木桶就摆在街心。

水很满，他站在木桶里，头刚好露在水面。

一套雪白崭新的衫裤，整整齐齐地叠着，放在桶旁的木架上。

他的剑也在木架上，旁边当然还有一大包花生。

他一伸手就可以拿到剑，一伸手也可以拿到花生，现在他正拈起一颗花生，捏碎，剥掉，抛起来，张开了嘴。

花生就刚好落入他嘴里。

他显然惬意极了。

太阳很热，水也在冒着热气，但他脸上却连一粒汗珠都没有。

他甚至还嫌不够热，居然还敲着木桶，大声道："烧水，多烧些水。"

立刻有两个人提着两大壶开水从那窄门里出来，一人是丁老四，另一人面黄肌瘦，留着两撇老鼠般的胡子，正是粮食行的胡掌柜。

他看来正像是个偷米的老鼠。

路小佳皱眉道："怎么只有你们两个人，那姓陈的呢？"

胡掌柜赔笑道："他会来的，现在他大概去找女人去了，这地方中看的女人并不多。"

他刚说完这句话，就立刻看到了一个非常中看的女人。

这女人是随着一阵清悦的铃声出现的，她的笑声也正如铃声般清悦。

太阳照在她身上，她全身都在闪着金光，但她的皮肤却像是白玉。

她穿的是件薄薄的轻衫，有风吹过的时候，男人的心跳都可能要停止。

她的手腕柔美，手指纤长秀丽，正紧紧地拉着一个男人的手。

胡掌柜的眼睛已发直，窗隙间，门隙里的眼睛也全都发了直。

他们还依稀能认得出她，就是那"很喜欢"路小佳的红衣姑娘。

谁也想不到她竟会拉着叶开的手，忽然又出现在这里。

就算大家都知道女人的心变得快，也想不到她变得这么快。

丁灵琳却全不管别人在想什么。

她的眼睛里根本就没有别人，只是看着叶开，忽然笑道："今天明明是杀人的天气，为什么偏偏有人在这里杀猪？"

叶开道："杀猪？"

丁灵琳道："若不是杀猪，要这么烫的水干啥？"

叶开笑了，道："听说生孩子也要用烫水的。"

丁灵琳眨着眼，道："奇怪，这孩子一生下来，怎么就有这么大了。"

叶开道："莫非是怪胎？"

丁灵琳一本正经地点点头，忍住笑道："一定是怪胎。"

门后面已有人忍不住笑出声来。

笑声突又变成惊呼，一个花生壳突然从门缝里飞进来，打掉他两颗大牙。

路小佳的脸色铁青，就好像坐在冰水里，瞪着丁灵琳，冷冷道："原来是要命的丁姑娘。"

丁灵琳眼波流动，嫣然道："要命这两个字多难听，你为什么不叫我那好听一点的名字？"

路小佳道："我本就该想到是你的，敢冒我的名字的人并不多。"

丁灵琳道："其实你的名字也不太好听，我总奇怪，为什么有人要叫你梅花鹿呢？"

路小佳淡淡道："那也许只因为他们都知道梅花鹿的角也很利，碰上它的人就得死。"

丁灵琳道:"那么你就该叫大水牛才对,牛角岂非更厉害?"

路小佳沉下了脸。他现在终于发现跟女人斗嘴是件不智的事,所以忽然改口道:"你大哥好吗?"

丁灵琳笑了,道:"他一向很好,何况最近又赢来了一口好剑,是跟南海来的飞鲸剑客比剑赢来的,你知道他最喜欢的就是好剑了。"

路小佳又道:"你二哥呢?"

丁灵琳道:"他当然也很好,最近又把河北'虎风堂'打得稀烂,还把那三条老虎的脑袋割了下来,你知道他最喜欢的就是杀强盗了。"

路小佳道:"你三哥呢?"

丁灵琳道:"最好的还是他,他和姑苏的南宫兄弟斗了三天,先斗唱、斗棋,再斗掌、斗剑,终于把'南宫世家'藏的三十坛陈年女儿红全赢了过来,还加上一班清吟小唱。"

她嫣然接着道:"丁三少最喜欢的就是醇酒美人,你总该也知道的。"

路小佳道:"你姐夫喜欢的是什么?"

丁灵琳失笑道:"我姐夫喜欢的当然是我姐姐。"

路小佳道:"你有多少姐姐?"

丁灵琳笑道:"不多,只有六个。你难道没听说过丁家的三剑客、七仙女?"

路小佳忽然笑了笑,道:"很好。"

丁灵琳眨了眨眼,道:"很好是什么意思?"

路小佳道："我的意思就是说，幸好丁家的女人多，男人少。"

丁灵琳道："那又怎么样？"

路小佳道："你知道我一向不喜欢杀女人的。"

丁灵琳道："哦？"

路小佳道："只杀三个人幸好不多。"

丁灵琳好像觉得很有趣，道："你是不是准备去杀我三个哥哥？"

路小佳道："你是不是只有三个哥哥？"

丁灵琳忽然叹了口气，道："很不好。"

路小佳道："很不好？"

丁灵琳道："他们不在这里，当然很不好。"

路小佳道："他们若在这里呢？"

丁灵琳悠然道："他们只要有一个人在这里，你现在就已经是条死鹿了。"

路小佳看着她，目光忽然从她的脸移到那一堆花生上。

他好像因为觉得终于选择了一样比较好看的东西，所以对自己觉得很满意，连那双锐利的眸子，也变得柔和了起来。

然后他就拈起颗花生，剥开，抛起。

雪白的花生在太阳下带着种赏心悦目的光泽，他看着这颗花生落到自己嘴里，就闭起眼睛，长长地叹了口气，开始慢慢咀嚼。

温暖的阳光，温暖的水，花生香甜。

他对一切事都觉得很满意。

丁灵琳却很不满意。

这本来就像是一出戏，这出戏本来一定可以继续演下去的。她甚至已将下面的戏词全都安排好了，谁知路小佳却是个拙劣的演员，好像突然间就将下面的戏词全都忘记，竟拒绝陪她演下去。

这实在很无趣。

丁灵琳叹了口气，转向叶开道："你现在总该已看出他是个怎么样的人了吧？"

叶开点点头，道："他的确是个聪明人。"

丁灵琳道："聪明人？"

叶开微笑着道："聪明人都知道用嘴吃花生要比用嘴争吵愉快得多。"

丁灵琳只恨不得用嘴咬他一口。

叶开若说路小佳是个聋子，是个懦夫，那么这出戏一样还是能继续演下去。

谁知叶开竟也是一个拙劣的演员，也完全不肯跟她合作。

路小佳嚼完了这颗花生，又叹了口气，喃喃道："我现在才知道原来女人也一样喜欢看男人洗澡的，否则为什么她还不肯走？"

丁灵琳跺了跺脚，拉起叶开的手，红着脸道："我们走。"

叶开就跟着她走。他们转过身，就听见路小佳在笑，大笑，笑得愉快极了。

丁灵琳咬着牙,用力用指甲掐着叶开的手。

叶开道:"你的手疼不疼?"

丁灵琳道:"不疼。"

叶开道:"我的手为什么会很疼呢?"

丁灵琳恨恨道:"因为你是个混蛋,该说的话从来不说。"

叶开苦笑道:"不该说的话,我也一样从来就不说的。"

丁灵琳道:"你知道我要你说什么?"

叶开道:"说什么也没有用。"

丁灵琳道:"为什么没有用?"

叶开道:"因为路小佳已知道我们是故意想去激怒他的,也知道在这种时候绝不能发怒。"

丁灵琳道:"你怎么知道他知道?"

叶开道:"因为他若不知道,用不着等到现在,早已变成条死鹿了。"

丁灵琳冷笑道:"你好像很佩服他?"

叶开道:"但最佩服的却不是他。"

丁灵琳道:"是谁?"

叶开道:"是我自己。"

丁灵琳忍住笑,道:"我倒看不出你有哪点值得佩服的。"

叶开道:"至少有一点。"

丁灵琳道:"哪一点?"

叶开道:"别人用指甲掐我的时候,我居然好像不知道。"

丁灵琳终于忍不住嫣然一笑,她忽然也对一切事都觉得很满意了,竟没有发现有双嫉恨的眼睛正在瞪着他们。

马芳铃的眼睛里充满了嫉恨之色,看着他们走进了陈大悎的绸缎庄。

他们本就决定在这里等,等傅红雪出现,等那一场可怕的决斗。

丁灵琳也可借这机会在这里添几套衣服。

只要有买衣服的机会,很少女人会错过的。

马芳铃看着他们手拉着手走进去,他们两个人的手,就像是捏着她的心。

这世上为什么从来没有一个人这样来拉着她的手呢?

她恨自己,恨自己为什么总是得不到别人的欢心。

墙角后很阴暗,连阳光都照不到这里。

她觉得自己就像是个一出生就被父母遗弃了的私生子。

热水又来了。

路小佳看着粮食行的胡掌柜将热水倒进桶里,道:"人怎么还没有来?"

胡掌柜赔笑道:"什么人?"

路小佳道:"你们要我杀的人。"

胡掌柜道:"他会来的。"

路小佳道:"他一个人来还不够。"

胡掌柜道:"还要一个什么人来?"

路小佳道:"女人。"

胡掌柜道:"我也正想去找陈大倌。"

路小佳淡淡道:"也许他永远不会来了。"

胡掌柜目光闪动,道:"为什么?"

路小佳并没有回答他的话,却半睁着眼,看着他的手。

他的手枯瘦蜡黄,但却很稳,装满了水的铜壶在他手里,竟像是空的。

路小佳忽然笑了笑,道:"别人都说你是粮食店的掌柜,你真的是?"

胡掌柜勉强笑道:"当然……"

路小佳道:"但是我愈看你愈不像。"

他忽然压低声音,悄悄道:"我总觉得你们根本不必请我来。"

胡掌柜道:"为什么?"

路小佳悠然道:"你们以前要杀人时,岂非总是自己杀的?"

壶里的水,已经倒空了,但提着壶的手,仍还是吊在半空中。

过了很久,这双手才放下去,胡掌柜忽然也压低声音,一字字道:"我们是请你来杀人的,并没有请你来盘问我们的底细。"

路小佳慢慢地点了点头,微笑道:"有道理。"

胡掌柜道:"你开的价钱,我们已付给了你,也没有人问过你的底细。"

路小佳道:"可是我要的女人呢?"

胡掌柜道:"女人……"

他的话还没有说完,忽然听见一个人大声道:"那就得看你要的是哪种女人了?"

这也是女人说话的声音。

路小佳回过头,就看到一个女人从墙后慢慢地走了出来。

一个很年轻、很好看的女人,但眼睛里却充满了悲愤和仇恨。


马芳铃已走到街心。

太阳照在她脸上,她脸上带着种很奇怪的表情,通常只有一个人被绑到法场时脸上才会有这种表情。

路小佳的目光已从她的脚,慢慢地看到她的脸,最后停留在她的嘴上。

她的嘴柔软而丰润,就像是一枚成熟而多汁的果实一样。

路小佳笑了,微笑着道:"你是在问我想要哪种女人?"

马芳铃点点头。

路小佳笑道:"我要的正是你这种女人,你自己一定也知道的。"

马芳铃道:"那么你要的女人现在已有了。"

路小佳道:"是你?"

马芳铃道:"是我!"

路小佳又笑了。

马芳铃道:"你以为我在骗你?"

路小佳道:"你当然不会骗我,只不过我总觉得你至少也该先对我笑一笑的。"

马芳铃立刻就笑,无论谁也不能不承认她的确是在笑。

路小佳却皱起了眉。

马芳铃道:"你还不满意?"

路小佳叹了口气,道:"因为我一向不喜欢笑起来像哭的女人。"

马芳铃用力咬着嘴唇,过了很久,才轻轻道:"我笑得虽然不好,但别的事却做得很好。"

路小佳道:"你会做什么?"

马芳铃道:"你要我做什么?"

路小佳看着她,忽然将盆里的一块浴巾抛了过去。

马芳铃只有接住。

路小佳道:"你知不知道这是做什么用的?"

马芳铃摇摇头。

路小佳道:"这是擦背的。"

马芳铃看看手里的浴巾,一双手忽然开始颤抖,连浴巾都抖得跌了下去。

可是她很快地就又捡起来,用力握紧。

她仿佛已将全身力气都使了出来,光滑细腻的手背,也已因用力而凸出青筋。

可是她知道,这次被她抓在手里的东西,是绝不会再掉下去的。她绝不能再让手里任何东西掉下去,她失去的已太多。

路小佳当然还在看着她,眼睛里带着尖针般的笑意,像是要刺入她心里。

她咬紧牙,忽然问道:"我还有句话要问你。"

路小佳悠然道:"我也不喜欢多话的女人,但这次却可以破例让你问一问。"

马芳铃道:"你的女人现在已有了,你要杀的人现在还活着。"

路小佳道:"你不想让他活着?"

马芳铃点点头。

路小佳道:"你来,就是为了要我杀了他?"

马芳铃又点点头。

路小佳又笑了,淡淡道:"你放心,我保证他一定活不长的。"

# 第二十五章

## 一剑震四方

酷热。

刚下过雨的天气,本不该这么热的。

汗珠沿着人们僵硬的脖子流下去,流入几乎已湿透的衣服里。

变色的大蜥蜴在砂石间爬行,仿佛也想找个比较阴凉的地方。

刚被雨水打湿的草,已又被晒干了。

连风都是热的。

风从草原上吹过来,吹在人身上,就像是地狱中魔鬼的呼吸。

只有在屋子里比较阴凉些。

三尺宽的柜台上,堆满了一匹匹鲜艳的绸缎,一套套现成的衣服。

叶开坐在旁边一张藤椅里,伸长了两条腿,懒懒地看着丁灵琳选她的衣服。

店里的两个伙计,一个年纪比较大的,垂着手,赔笑在旁边等着。

另一个年轻人,已乘机溜到门口去看热闹了。

他们在这行已干了很久,已懂得女人在选衣服的时候,男人最好不要在旁边参加意见。

丁灵琳选了件淡青色的衣服,在身上比了比,又放下,轻轻叹了口气,道:"想不到这地方的存货倒还不少。"

叶开道:"别人只有嫌货少的,你难道还嫌货多了不成?"

丁灵琳点点头,道:"货愈多,我愈拿不定主意,若是只有几件,说不定我已全买了下来。"

叶开也叹了口气,道:"这倒是实话。"

年轻的伙计赔笑道:"只因为万马堂的姑奶奶和小姐们常来光顾,所以小店才不能不多备些货,实在抱歉得很。"

丁灵琳忍不住笑了,道:"你用不着为这点抱歉的,这不是你的错。"

年长的伙计道:"但主顾永远是对的,姑娘若嫌小店的货多了,就是小店的错。"

丁灵琳笑道:"你倒真会做生意,看来我想不买也不行了。"

站在门口的年轻伙计,忽然长长叹息了一声,喃喃道:"想不到,真想不到……"

丁灵琳皱眉道:"你想不到我会买?"

年轻的伙计怔了怔,转过身赔笑道:"小的怎么敢有这意思!"

丁灵琳道："你是什么意思？"

年轻的伙计道："小的只不过绝想不到马大小姐真会替人擦背而已。"

丁灵琳道："马大小姐？"

伙计道："就是万马堂三老板的千金。"

丁灵琳道："是不是那个穿红衣服的？"

伙计道："三老板只有这么样一位千金。"

丁灵琳道："她在替谁擦背？"

伙计道："就是……就是那位在街上洗澡的大爷呐。"

丁灵琳眼珠子一转，转过头去看叶开。

叶开眯着眼，似乎在打瞌睡。

丁灵琳道："喂，你听见了没有？"

叶开道："嗯。"

丁灵琳道："你的好朋友在替人擦背，你难道不想出去看看？"

叶开道："嗯。"

丁灵琳道："嗯是什么意思？"

叶开打了个呵欠，道："若是男人在替女人擦背，用不着你说，我早已出去看了，女人替男人擦背是天经地义的事，有什么好看的。"

丁灵琳瞪着他，终于又忍不住笑了。

那年轻的伙计忽又叹了口气，道："小的倒明白马姑娘是什么意思。"

丁灵琳道："哦？"

这伙计叹道:"马姑娘这样委屈自己,全是为了三老板。"

丁灵琳道:"哦?"

这伙计道:"因为那跛子是三老板的仇家,马姑娘生怕三老板年纪大了,不是他的对手。"

丁灵琳道:"所以她不惜委屈自己,为的就是要路小佳替她杀了那跛子?"

这伙计点头叹道:"她实在是位孝女。"

丁灵琳突然冷笑,道:"也许她只不过是喜欢替男人擦背而已。"

这伙计怔了怔,想说什么,但被那年长的伙计瞪了一眼后,就垂下了头。

这时外面突然传来一阵马蹄声。蹄声很乱,来的人显然不止一个。

丁灵琳眼珠流动,道:"你出去看看,是些什么人来了!"

这伙计虽然对她很不服气,还是垂着头走了出去。

"来的是万马堂的老师傅。"

"来了多少?"

"好像有四五十位。"

丁灵琳沉吟着,用眼角瞟着叶开,道:"你看他们是想来帮忙的?还是来看热闹的?"

叶开又打了个呵欠,道:"这就得看他们是笨蛋,还是聪明人了。"

丁灵琳道:"假如他们是想来帮忙的,就是如假包换的笨蛋？"

叶开道："不折不扣的笨蛋。"

他笑了笑，又道："这么好看的热闹，也只有笨蛋才会错过的。"

丁灵琳也笑了笑，道："你是不是一心一意等着看究竟是傅红雪的刀快，还是路小佳的剑快？"

叶开道："就算要我等三天，我都会等。"

丁灵琳道："所以你不是笨蛋。"

叶开道："绝不是。"

这时街上已渐渐有各式各样的声音传了进来，有咳嗽声，有低语声，但大多数却还是充满了惊讶和感慨的叹息声。

看到马大小姐在替人擦背，显然有很多人惊讶，有很多人不平。但却没有一个人敢出来管这闲事的。这世上的笨蛋毕竟不多。

突然间，所有的声音全部停止，连风都仿佛也已停止。

店里的两个伙计仿佛突然感觉到有种说不出的压力，令人窒息。

丁灵琳的眼睛里却突然发出了光，喃喃道："来了，终于来了……"

没有人动，没有声音。

每个人都已感觉到这种不可抗拒的压力，压得人连气都透不过来。

"来了！终于来了……"

好热的太阳，好热的风！

风从草原上吹过来，这人也是从草原上来的。

路上的泥泞已干透。

他慢慢地走上了这条路，左腿先迈出一步，右腿再慢慢地跟上来。

每个人都在看着他，太阳也正照在他脸上。

他的脸却是苍白的，白得透明，就像是远山上亘古不化的冰雪。

但他的眼睛却似已在燃烧。他的眼睛在瞪着马芳铃。


马芳铃的手停下，手里的浴巾，还在往下滴着水。

她心里却在滴着血。

一滴，两滴……悲哀、愤怒、羞侮、仇恨。

"你为什么还不走？为什么还要留在这里？"

"我不能走，因为我要看着他死，死在我面前！"

她的心里在挣扎、呐喊，可是她的脸上却全没有一丝表情。

傅红雪的眼睛已盯在路小佳脸上。

路小佳却连看都没有看他，反而向丁老四和胡掌柜招了招手。

他们只好走过去。

路小佳道："你们要我杀的就是这个人？"

丁老四迟疑着，看了看胡掌柜，两个人终于同时点了点头。

路小佳道:"你们真要我杀他?"

丁老四道:"当然。"

路小佳忽然笑了笑,道:"好,我一定替你们把他杀了。"

他伸出一只手,慢慢地拿起了木架上的剑。

傅红雪握刀的手立刻握紧。

路小佳还是没有看他,却凝注着手里的剑,缓缓道:"我答应过的事,就一定会做到。"

丁老四赔笑道:"当然。"

路小佳道:"你放心?"

丁老四道:"当然放心。"

路小佳轻轻叹了口气,道:"你们既然已放心,就可以死了。"

丁老四皱眉道:"你说什么?"

路小佳道:"我说你们已可以死了。"

他手里的剑突然挥出,慢慢地挥出,并不快,也并没有刺向任何人。

丁老四看着他手里的剑挥出,一张脸突然抽紧,整个人都突然抽紧。

大家诧异地看着他的脸,谁也不知道这究竟是怎么回事?

丁老四的人却已倒了下去。他倒下去的时候,小腹下竟突然有股鲜血箭一般飙出去。

大家这才看出,木桶里刺出了一柄剑,剑尖还在滴着血。

丁老四正在看着路小佳右手中的剑时,路小佳左手的剑已从木桶里刺出,刺进了他的小肚子。

就在这时,胡掌柜也倒了下去,咽喉里也有股鲜血飙出来。

路小佳右手的剑,剑尖也在滴着血。

胡掌柜看到那柄从木桶刺出的剑时,路小佳右手的剑已突然改变方向,加快,就仅是电光一闪,已刺穿了他的咽喉!

没有人动,也没有声音。每个人连呼吸都似已停顿。

剑尖还在滴着血。

路小佳看到鲜血从他的剑尖滴落,轻轻叹息着,喃喃道:"干我这一行的人,就算洗澡的时候,也会在澡盆留一手的,现在你们总该懂了吧。"

马芳铃突然嘶声道:"可是我不懂。"

路小佳道:"你不懂我为什么要杀他们?"

马芳铃当然不懂,道:"你要杀的人并不是他们!"

路小佳忽又笑了笑,转过头,目光终于落到傅红雪身上。

"你懂不懂?"

傅红雪当然也不懂,没有人懂。

路小佳道:"其实他们并不是真的要我来杀你的。他们只不过要在我跟你交手时,从旁边暗算你。"

傅红雪还是不太懂。

路小佳道:"这主意的确很好,因为无论谁跟我交手时,都绝无余力再防备别人的暗算了,尤其是从木桶里发出的暗算。"

傅红雪道:"木桶里?"

就在这时,突听"砰"的一声大震。声音竟是从木桶里发出来的,接着,木桶竟已突然被震开。

水花四溅,在太阳下闪起了一片银光。竟突然有条人影从木桶里蹿了出来。

这人的身手好快。但路小佳的剑更快,剑光一闪,又是一声惨呼。

太阳下又闪起了一串血珠,一个人倒在地上,赫然竟是金背驼龙!

没有声音,没有呼吸。惨呼声已消失在从草原上吹过来的热气里。

也不知过了多久,丁灵琳才长长吐出口气,道:"好快的剑!"

叶开点点头,他也承认。

无论谁都不能不承认,一柄凡铁打成的剑到了路小佳的手里,竟似已变得不是剑了。

竟似已变成了一条毒蛇、一道闪电,从地狱中击出的闪电。

丁灵琳叹道:"现在连我都有点佩服他了。"

叶开道:"哦?"

丁灵琳道:"他虽然未必是聪明人,也未必是好人,但他的确会使剑。"

最后一滴血也滴了下去。

路小佳的眼睛这才从剑尖上抬起，看着傅红雪，微笑道："现在你懂了么？"

傅红雪点点头。

现在他当然已懂了，每个人都懂了。

木桶下面竟有一节是空的，里面竟藏着一个人。

水注入木桶后，就没有人能再看得出桶有多深。

路小佳当然也没有站直，所以也没有人会想到木桶下还有夹层。

所以金背驼龙若从那里发出暗器来，傅红雪的确是做梦也想不到的。

路小佳道："现在你总该明白，我洗澡并不是为了爱干净，而是因为有人付了我五千两银子。"

他笑了笑，又道："为了五千两银子，也许连叶开都愿意洗个澡了。"

叶开在微笑。

傅红雪的脸却还是冰冷苍白的，在这样的烈日下，他脸上甚至连一滴汗都没有。

路小佳悠然道："这主意连我都觉得不错，只可惜他们还是算错了一件事。"

傅红雪忍不住问道："什么事？"

路小佳道："他们看错了我。"

傅红雪道："哦？"

路小佳道："我杀过人，以后还会杀人；我也喜欢钱,为了五千两银子,我随时随地都愿意洗澡。"

他又笑了笑,淡淡地接着道:"但是我却不喜欢被人利用,更不喜欢被人当作工具。"

傅红雪长长吐出口气,目中的冰雪似已渐渐开始融化。

他忽然觉得湿淋淋地站在他面前的这个人,至少还是个人。

路小佳道:"我若要杀人,一向都自己动手的。"

傅红雪道:"这是个好习惯。"

路小佳道:"其实我还有很多好习惯。"

傅红雪道:"哦?"

路小佳道:"我还有个好习惯,就是从不会把自己说出的话再吞下去。"

傅红雪道:"哦?"

路小佳道:"现在我已收了别人的钱,也已答应别人要杀你。"

傅红雪道:"我听见了。"

路小佳道:"所以我还是要杀你。"

傅红雪道:"但我却不想杀你。"

路小佳道:"为什么?"

傅红雪道:"因为我一向不喜欢杀你这种人。"

路小佳道:"我是哪种人?"

傅红雪道:"是种很滑稽的人。"

路小佳很惊讶,道:"我很滑稽?"

有很多人骂过他很多种难听的话,却从来还没有人说过他滑稽的!

傅红雪淡淡道:"我总觉得穿着裤子洗澡的人,比脱了裤子放屁的人还滑稽得多。"

叶开忍不住笑了,丁灵琳也笑了。

一个大男人身上若只穿着条湿裤子,样子的确滑稽得很。

这种样子至少绝不像杀人的样子。

路小佳忽然也笑了,微笑着道:"有趣有趣,我实在想不到你这人也会如此有趣的,我一向最喜欢你这种人了。"

他忽又沉下脸,冷冷地说道:"只可惜我还是要杀你!"

傅红雪道:"现在就杀?"

路小佳道:"现在就杀!"

傅红雪道:"就穿着这条湿裤子?"

路小佳道:"就算没有穿裤子,也还是一样要杀你的。"

傅红雪道:"很好。"

路小佳道:"很好?"

傅红雪道:"我也觉得这机会错过实在可惜。"

路小佳道:"什么机会?"

傅红雪道:"杀我的机会。"

路小佳道:"现在我才有杀你的机会?"

傅红雪道:"因为你知道我现在绝不会杀你!"

路小佳动容道:"你这是什么意思?"

傅红雪淡淡道:"我只不过告诉你,我说出的话,也从来不会吞回去的。"

路小佳看着他,脸上带着很奇怪的表情。

傅红雪的脸上却全无表情。

路小佳忽然笑了。

木架上有个皮褡包,被压在衣服下。

他忽然用剑尖挑起,从褡包中取出两张银票。

一张是一万两的,一张是五千两的。

路小佳道:"人虽没有杀,澡却已洗过了,所以这五千两我收下,一万两却得还给你。"

他将一万两的银票抛在丁老四身上,喃喃道:"抱歉得很,每个人都难免偶尔失信一两次的,你们想必也不会怪我。"

没有人怪他,死人当然更不会开口。

路小佳竟已用剑尖挑着他的褡包,扬长而去,连看都没有再看傅红雪一眼,也没有再看马芳铃一眼。

大家只有眼睁睁地看着。

可是他走到叶开面前时,却又忽然停下了脚步。

叶开还是在微笑。

路小佳上上下下看了他两眼,忽也笑了笑,道:"你知道我为什么要将这五千两留下来?"

叶开微笑道:"不知道。"

路小佳将银票送过去,道:"这是给你的。"

叶开道:"给我?为什么给我?"

路小佳道:"因为我要求你一件事。"

叶开道:"什么事?"

路小佳道:"求你洗个澡,你若再不洗澡,连我都要被你活活臭死了。"

他不让叶开再开口,就已大笑着扬长而去。

叶开看着手里的银票,也不知是好气,还是好笑。

丁灵琳却已忍不住笑道:"无论如何,洗个澡就有五千两银子可拿,总是划得来的。"

叶开故意板着脸,冷冷道:"你好像很佩服他。"

丁灵琳眨了眨眼,道:"可是我最佩服的人并不是他。"

叶开道:"你最佩服的是你自己?"

丁灵琳道:"不是我,是你。"

叶开道:"你也最佩服我?"

丁灵琳点点头道:"因为这世上居然有男人肯花五千两银子要你洗澡。"

叶开忍不住要笑了,但却没有笑。

因为就在这时,他已听到有个人放声大哭起来。

哭的是马芳铃。

她已忍耐了很久,她已用了最大的力量去控制她自己。

但她还是忍不住要哭,要放声大哭。

她不但悲伤,而且气愤。

因为她觉得被侮辱与损害了的人总是她,并没有别人。

她开始哭的时候,傅红雪正走过来,走过她身旁。

可是他并没有看她,连一眼都没有看,就好像走过金背驼龙的尸身旁一样。

万马堂的马师们,全都站在檐下,有的低下了头,有的眼睛望着别的地方。

他们本也是刚烈凶悍的男儿,但现在眼看着他们堂主的独生女在他们面前受辱,大家竟也全都装作没有看见。

马芳铃突然冲过去,指着傅红雪,嘶声道:"你们知道他是谁?他就是你们堂主的仇人,就是杀死你们那些兄弟的凶手,他存心要毁了万马堂,你们就这样在旁边看着?"

还是没有人开口,也没有人看她一眼。

大家的眼睛都在看着一个满脸风霜的中年人。

他们叫这人焦老大,因为他正是马师中年纪最长的一个。

他这一生,几乎全都是在万马堂度过的,他已将这一生中最宝贵的岁月,全都消磨在万马堂中的马背上。

现在他双腿已弯曲,背也已有些弯了,一双本来很锐利的眼睛,已被劣酒泡得发红。

每当他睡在又冷又硬的木板床上抚摸到自己大腿上的老茧时,他也会想到别处去闯一闯。

可是他已没有别的地方可去,因为他的根也已生在万马堂。

马芳铃第一次骑上马背,就是被他抱上去的,现在她也在瞪着他,大声道:"焦老大,只有你跟我爹爹最久,你为什么也不开口?"

焦老大目中似也充满悲愤之色,但却在勉强控制着,过了很久,才长长叹息了一声,缓缓道:"我也无话可说。"

马芳铃道:"为什么?"

焦老大握紧双拳,咬着牙道:"因为我已不是万马堂的人了。"

马芳铃悚然道:"谁说的?"

焦老大道:"三老板说的。"

马芳铃怔住。

焦老大道:"他给了我们每个人一匹马,三百两银子,叫我们走。"

他拳头握得更紧,牙也咬得更紧,嘎声道:"我们为万马堂卖了一辈子命,可是三老板说要我们走,我们就得走。"

马芳铃看着他,一步步往后退。

她也已无话可说。

叶开一直在很注意地听着,听到这里,忽然失声道:"不好!"

丁灵琳道:"什么事不好?"

叶开摇了摇头,还没有说话,忽然看见一股浓烟冲天而起。

那里本来正是万马堂的白绫大旗升起处!


浓烟,烈火。

叶开他们赶到那里时,万马堂竟已赫然变成了一片火海。

天干物燥,火势一发,就不可收拾。

何况火上加了油——草原中独有的,一种最易燃烧的乌油。

同时起火的地方至少有二三十处,一烧起来,就烧成了火海。

马群在烈火中惊嘶,互相践踏,想在这无情烈火中找条生路。

有的侥幸能冲出,四散飞奔,但大多数却已被困死。

烈火中已发出炙肉的焦臭。

"万马堂已毁了,彻底毁了。"

"毁了这地方的人,也正是建立这地方的人。"

叶开仿佛还可以看见马空群站在烈火中,在向他冷笑着说:"这地方是我的,没有人能够从我手里抢走它!"

现在他已实践了他的诺言,现在万马堂已永远属于他。

火势虽猛,但叶开的掌心却在淌着冷汗。

谁也不会了解他现在的心情,谁也不知道他在想着什么?

丁灵琳忽然叹了口气,道:"既然得不到,不如就索性毁了它,这人的做法也并不是完全错的。"

她苍白的脸,也已被火焰照得发红,忽又失声道:"奇怪,那里怎么还有个孩子?"

烈火将天都烧红了,看来就像是一块透明的琥珀。

血红的太阳，动也不动地挂在琥珀里。

也不知何时又起了风。

有火的地方，总是有风的。

远处一块还未被燃起的长草，在风中不停起伏，黄沙自远处卷过来，消失在烈火里。

烈火中的健马悲嘶未绝，听在耳里，只令人忍不住要呕吐。

血红的太阳下，起伏的长草间，果然有个孩子痴痴地站在那里。

他看着这连天的烈火，将自己的家烧得干干净净。

他的泪似也被烤干了，似已完全麻木。

"小虎子。"

这孩子正是马空群最小的儿子。

叶开忍不住匆匆赶过去，道："你……你怎么还在这里？"

小虎子并没有抬头看他，只是轻轻地说道："我在等你。"

叶开道："等我？怎么会在这里等我？"

小虎子道："我爹爹叫我在这里等你，他知道你一定会来的。"

叶开忍不住问道："他的人呢？"

小虎子道："走了……已经走了……"

这小小的孩子直到这时，脸上才露出一丝悲哀的表情，像是要哭出来。

但他却居然忍住了。

叶开忍不住拉起这孩子的手，道："他什么时候走的？"

小虎子道："走了已经很久。"

叶开道："他一个人走的？"

小虎子摇摇头。

叶开道："还有谁跟着他走？"

小虎子道："三姨。"

叶开失声道："沈三娘？"

小虎子点点头，嘴角抽动着，嗄声道："他带着三姨走，却不肯带我走，他……他……"

这句话还没有说完，这孩子终于已忍不住失声痛哭了起来。

哭声中充满了悲恸、辛酸、愤怒，也充满了一种不可知的恐惧。

他毕竟还是个孩子。

叶开看着他，心里也不禁觉得很酸楚，丁灵琳已忍不住在悄悄地擦眼泪。

这孩子突然扑到叶开怀里，痛苦着道："我爹爹要我在这里等你，他说你答应过他，一定会好好照顾我的，还有我姐姐……是不是？是不是？"

叶开又怎么能说不是？

丁灵琳已将这孩子拉过去，柔声道："我保证他一定会好好照顾你的，否则连我都不答应。"

孩子抬头看了看她，又垂下头，道："我姐姐呢？你们是不是也会好好照顾她？"

丁灵琳没法子回答这句话了，只有苦笑。

叶开这才发现马芳铃竟已不知到什么地方去了。

还有傅红雪呢？


太阳已渐西沉。

草原上的火势虽然还在继续燃烧着，但总算也已弱了下去。

西风怒嘶，暮霭渐临。

显赫一时的关东万马堂现在竟已成了陈迹，火熄时最多也只不过还能剩下几丘荒坟，一片焦土而已。

一手创立这基业的马空群，现在竟已不知何处去。

这一切是谁造成的？


仇恨！有时甚至连爱的力量都比不上仇恨！

傅红雪的心里充满了仇恨。他也同样恨自己——也许他最恨的就是他自己。

长街上没有人，至少他看不见一个活人。

所有的人都已赶到火场去了。这场大火不但毁了万马堂，无疑也必将毁了这小镇，很多人都能看得出，这小镇很快也会像金背驼龙他们的尸身一样僵硬干瘪的。

街上泥土也同样僵硬干瘪。

傅红雪一个人走过长街，他左腿先迈出一步，右腿再慢慢地跟上去。他走的虽慢，却绝不会停。

"也许我应该找匹马。"他正在这么样想的时候，就看见一个人悄悄地从横巷中走出来。

一个纤弱而苗条的女人,手里提着很大的包袱。

翠浓。

傅红雪心里突然一阵刺痛,因为他本已决心要忘记她了。

自从他知道她在这些年来一直在为萧别离"工作"时,他已决心忘记她了。

但她却是他这一生中唯一的女人。

翠浓仿佛早已在这里等着他,此刻垂着头,慢慢地走过来,轻轻道:"你要走?"

傅红雪点点头。

翠浓道:"去找马空群?"

傅红雪又点点头,他当然非找马空群不可。

翠浓道:"你难道要把我一个人留在这里?"

傅红雪的心又是一阵刺痛。他本已决心不再看她,但到底还是忍不住看了她一眼。

这一眼已足够。

血红的太阳,正照在她脸上,她的脸苍白、美丽而憔悴。

她的眼睛里充满了一种无助的情意,仿佛正在对他说:"你不带我走,我也不敢再求你,可是我还是要你知道,我永远都是你的。"

黑暗中甜蜜的欲望,火一般的拥抱,柔软香甜的嘴唇和胸膛——就在这一刹那间,全部又涌上了傅红雪的心头。

他的掌心开始淌出了汗。

太阳还照在他头上,火热的太阳。

翠浓的头垂得更低,漆黑浓密的头发,流水般散落下来。

傅红雪忍不住慢慢地伸出手,握着了她的头发。

她头发黑得就像是他的刀一样。

## 第二十六章

# 血海深仇

太阳已消失,长街上寂无人迹。只有小楼上亮起了一点灯光,一个人推开了楼上的窗子,凝视着静寂的长街。他知道黑夜已快来了。

血迹已干透。一阵风吹过来,卷起了金背驼龙的头发。

萧别离阖起眼睛,轻轻叹息了一声,慢慢地关起窗子。

灯刚点起来。他在孤灯旁坐了下去,他的人也正和这盏灯同样孤独。

灯光照在他脸上,他脸上的皱纹看来已更多,也更深了。

每一条皱纹中,不知隐藏着多少辛酸、多少苦难、多少秘密?

他替自己倒了杯酒,慢慢地喝下去,仿佛在等着什么。

可是他又还能等待什么呢?生命中那些美好的事物,早都已随着年华逝去,现在他唯一还能等得到的,也许就是死亡。

寂寞的死亡，有时岂非也很甜蜜！

黑夜已来了。他用不着回头去看窗外的夜色，也能感觉得到。

酒杯已空，他正想再倒一杯酒时，就已听到从楼下传来的声音。

洗骨牌的声音。

他嘴角忽然露出种神秘而辛涩的笑意，仿佛早已知道一定会听到这种声音。

于是他支起了拐杖，慢慢地走了下去。

楼下不知何时也已燃起了一盏灯。

一个人坐在灯下，正将骨牌一张张翻起来，目光中也带着种神秘而辛涩的笑意。

叶开很少这么笑的。他凝视着桌上的骨牌，并没有抬头去看萧别离。

萧别离却在凝视着他，慢慢地在他对面坐下，忽然道："你看出了什么？"

叶开沉默了很久，才叹息着，道："我什么也看不出来。"

萧别离道："为什么？"

叶开在听着。他看得出萧别离已准备在他面前说出一些本来绝不会说的话。

过了很久，萧别离果然又叹息着道："你当然早已想到我本不姓萧。"

叶开承认。

萧别离道:"一个人的姓,也不是他自己选的,他根本没有选择的余地。"

叶开道:"这句话我懂,但你的意思我却不懂。"

萧别离道:"我的意思是说,我们本是同一种人,但走的路不同,只不过因为你的运气比我好。"

他迟疑着,终于下了决心,一字字接着道:"因为你不姓西门。"

叶开道:"西门?西门春?"

萧别离苦笑道:"你是不是早已想到了?"

叶开道:"我看到假扮老太婆的人,死在李马虎店里时才想到的。"

萧别离道:"哦?"

叶开道:"那时我才想到,我叫了一声西门春,他回过头来,并不是在看我,而是在看你。"

萧别离道:"哦?"

叶开道:"他回头,只因为觉得惊讶,我怎会突然叫出你的名字。"

萧别离道:"所以你才会认为他就是西门春。"

叶开叹道:"每个人都有错的。"

萧别离道:"何况他自己也并不否认。"

叶开道:"他在你面前怎么敢否认?"

萧别离道:"那时你还以为李马虎就是杜婆婆。"

叶开苦笑道:"直到现在,我还是想不出杜婆婆究竟藏在哪里。"

萧别离道:"你永远想不出的。"

叶开道:"为什么?"

萧别离缓缓道:"因为谁也想不到杜婆婆和西门春本是一个人。"

叶开长长吐出口气,苦笑道:"我实在想不到!"

他又看了萧别离两眼,叹道:"直到现在,我还是看不出你能扮成老太婆。"

萧别离淡淡道:"你若能看得出,我就不是西门春了。"

叶开叹道:"这也就难怪江湖中人都说只有西门春才是千面人门下唯一的衣钵弟子。"

萧别离道:"不是衣钵弟子。"

叶开道:"是什么?"

萧别离道:"是儿子!"

叶开动容道:"令尊就是千面人?"

萧别离道:"嗯!"

叶开道:"因为我从一开始就已错了。"

萧别离叹息着,慢慢地点了点头,道:"每个人都难免会错的。"

叶开叹道:"我没有想到马空群会走,从来也没有想到。"

萧别离淡淡道:"我本来也以为他走不了的。"

叶开道:"可是他比我们想象中更聪明,他知道谁也不会错过路小佳和傅红雪的决斗。"

萧别离道:"他若要走,这的确是个再好也没有的机会。"

叶开道:"也许他正是为了这缘故,才去找路小佳的。"

萧别离道:"哦?"

叶开道:"他故意安排好那些诡计,故意要别人发现,为的只不过是要别人相信他的确是想暗算傅红雪,想杀了傅红雪。"

他叹了口气,苦笑道:"假如别人对他这目的完全没有怀疑的话,当然就想不到他其实是想乘此机会逃走而已。"

萧别离也笑了,淡淡道:"你最大的毛病,也许就是你总是想得太多了。"

叶开叹道:"不错,一个人的确还是不要想得太多的好。"

萧别离忽也长长叹了口气,道:"你知道我最大的毛病是什么?"

叶开摇摇头。

萧别离苦笑道:"我的毛病也是想得太多了。"

叶开凝视着他,道:"所以你也没有想到他会走?是吧?"

萧别离点点头。

叶开眼睛里又露出那种尖针般的笑意,看着他一字字道:"所以你才会替他去找路小佳来。"

萧别离道:"你什么时候知道的?"

他非但神色还是很平静,而且竟完全没有否认的意思。

叶开反问道:"你不否认?"

萧别离淡淡地笑了笑,道:"在你这种人面前,否认又有什么用?"

叶开也笑了,笑得并不像平时那么开朗,仿佛对这个人觉得很惋惜。

萧别离叹了口气,黯然地道:"也许我的确走错了路。"

叶开道:"但你看来根本并不像是一个容易走错路的人。"

萧别离道:"走对了路的原因只有一种,走错路的原因却有很多种。"

叶开道:"哦?"

萧别离道:"每个走错路的人,都有他的种种原因。"

叶开道:"你的原因是什么?"

萧别离道:"我走的这条路,也许并不是我自己选择的。"

他目中露出了迷惘沉痛之色,仿佛在凝视着远方,过了很久,才慢慢地接着道:"也许有些人一生下来就已在这条路上,所以他根本没有别的路可走。"

萧别离目中又露出那种凄凉的笑意,道:"连我自己也不知道这究竟是我的幸运?还是我的不幸?"

叶开没有说话,这句话本不是任何人能答复的。

萧别离道:"无论谁都不能不承认,先父是武林中的一位奇才,他武功的渊博和神奇之处,直到现在还没有人能比得上。"

叶开也不能不承认。

萧别离道:"他这一生中,忽男忽女,忽邪忽正,有人尊称他为千面人神,也有人骂他是千面魔人,谁都不知道他究竟是怎么样一个人。"

叶开道:"你呢?"

萧别离道:"我也不知道。我只知道他虽然将平生所学全都传给了我,但也留给我一副担子。"

叶开道:"什么担子?"

萧别离道:"仇恨。"

这两个字他说得很慢,仿佛用了很大力气才能说出来。

叶开了解这种心情,也许没有人比他更能了解仇恨是副多么沉重的担子了。

萧别离道:"直到现在,江湖中人也还不知道他究竟是不是已经死了,有人说他已浮海东去,有人甚至说他已得道成仙。"

叶开道:"其实呢?"

萧别离黯然道:"其实他当然早已死了。"

叶开忍不住问道:"怎么死的?"

萧别离道:"死在刀下。"

叶开道:"谁的刀?"

萧别离霍然抬起头,盯着他,道:"你应该知道是谁的刀!世上并没有几个人的刀能杀得死他!"

叶开沉默。他只有沉默，因为他的确知道那是谁的刀！

萧别离冷冷道："据说白大侠也是武林中的一位奇才，据说他刀法不但已独步武林，而且可以算得上是空前绝后。"

他语声中已带着种比刀锋还利的仇恨之意，冷笑着道："但他的为人呢？他……"

叶开立刻又打断了他的话，道："你无权批评他的为人，因为你恨他。"

萧别离道："你错了，我并不恨他，我根本不认得他。"

叶开道："但你却想杀了他。"

萧别离道："我的确想杀他，甚至不惜付出任何代价，你知不知道那是为了什么？"

叶开摇摇头。他就算知道，也只能摇头。

萧别离道："因为仇恨和爱不一样，仇恨并不是天生的，假如有人也将一副仇恨的担子交给了你，你就会懂得了。"

叶开道："可是……"

萧别离打断了他的话，道："傅红雪就一定会懂的，因为这道理就跟他要杀马空群一样。"

他叹了口气，接着道："傅红雪也不认得马空群，但却也非杀他不可！"

叶开终于点了点头，长叹道："所以那天晚上，你也到了梅花庵。"

萧别离目光似又到了远方,喃喃地叹息着道:"那天晚上的雪真大……"

叶开眼睛突地露出刀锋般的光,盯着他,道:"那天晚上的事你还记得很清楚?"

萧别离黯然道:"我本来想忘记的,只可惜偏偏忘不了。"

叶开道:"因为你的这双腿就是在那天晚上被砍断的。"

萧别离看着自己的断腿,淡淡道:"世上又有几个人的刀能砍断我的腿。"

叶开道:"他虽然砍断了你的腿,但却留下了你的命。"

萧别离道:"留下我这条命的,并不是他,而是那场大雪。"

叶开道:"大雪?"

萧别离道:"就因为雪将我的断腿冻住了,所以我才能活到现在,否则我连人都只怕已烂光了。"

叶开道:"所以你忘不了那场雪!"

萧别离道:"我也忘不了那柄刀。"

他目中忽又露出种说不出的恐惧之色,那一场惊心动魄的血战,仿佛又回到他面前。

白的雪,红的血……血流在雪地上,白雪都被染红。刀光也仿佛是红的,刀光到了哪里,哪里就立刻飞溅起一片红雾。

萧别离额上已有了汗珠,是冷汗。过了很久,他才长叹道:"没有亲眼看见的人,绝对想不到那柄刀有多么可怕,那许多武林中的绝顶高手,竟有大半死在他的刀下。"

叶开立刻追问道:"你知道那些人是谁?"

萧别离不知道。除了马空群自己外,没有人知道。

萧别离道:"我只知道,那些人没有一个人不恨他。"

叶开道:"难道每个人都跟他有仇?"

萧别离冷笑道:"我就算无权批评他的人,但至少有权批评他的刀!"

他目中的恐惧之意更浓,握紧双拳,嘎声接着道:"那柄刀本不该在一个有血肉的凡人手里,那本是柄只有在十八层地狱下才能炼成的魔刀。"

叶开道:"你怕那柄刀?"

萧别离道:"我是个人,我不能不怕。"

叶开道:"所以现在你也同样怕傅红雪,因为你认为那柄刀现在已到了他手里。"

萧别离道:"只可惜这也不是他的运气。"

叶开道:"哦?"

萧别离道:"因为那本是柄魔刀,带给人的只有死和不幸!"

他声音突然变得很神秘,也像是某种来自地狱中的魔咒。

叶开竟忍不住打了个寒噤,勉强笑道:"可是他并没有死。"

萧别离道："现在虽然还没有死，但他这一生已无疑都葬送在这柄刀上。他活着，已不会再有一点快乐，因为他心里只有仇恨，没有别的！"

叶开忽然站起来，转身走过去，打开了窗子。他好像忽然觉得这里很闷，闷得令人窒息。

萧别离看着他的背影，忽然笑了笑，道："你知不知道我本来一直都在怀疑你！"

叶开没有回答，也没有回头。

窗外夜色如墨。

萧别离道："我要你去杀马空群，本来是在试探你的。"

叶开道："哦？"

萧别离道："但这主意并不是我出的，那天晚上，楼上的确有三个人。"

叶开道："还有一个是马空群！"

萧别离道："就是他。"

叶开道："丁求也是那天晚上在梅花庵外的刺客之一？"

萧别离冷笑道："他还不够，他只不过是个贪财的驼子。"

叶开道："所以你们收买了他。"

萧别离道："但我们却没有买到你，当时连我都没有想到你会将这件事去告诉马空群，我付出的代价并不小。"

叶开冷冷道："那价钱的确已足够买到很多人了，只可惜那些人现在都已变成了死人。"

萧别离道："他们死得并不可怜,也不可惜。"

叶开道："可惜的是傅红雪没有死?"

萧别离冷冷道："那也不可惜,因为我知道迟早总有一天,他也必将死在刀下。"

叶开道："马空群呢?"

萧别离道："你认为傅红雪能找到他?"

叶开道："你认为找不到?"

萧别离道："他本来是匹狼,现在却已变成条狐狸,狐狸是不容易被找到的,也很不容易被杀死。"

叶开道："你这句话皮货店老板一定不同意。"

萧别离道："为什么?"

叶开道："若没有死狐狸,那些狐皮袍子是哪里来的?"

萧别离说不出话来了。

叶开道："莫忘记世上还有猎狗,而猎狗又都有鼻子。"

萧别离突又冷笑道："傅红雪就算也有个猎狗般的鼻子,但是现在恐怕也只能嗅得到女人身上的脂粉香气了。"

叶开道："是因为翠浓?"

萧别离点点头。

叶开道："难道翠浓在他身旁,他就找不到马空群了?"

萧别离淡淡道："莫忘记女人喜欢的通常都是珠宝,

不是狐皮袍子。"

这次是叶开说不出话来了。

萧别离忽又笑了,道:"其实傅红雪是否能找到马空群,跟我有什么关系?又跟你有什么关系?"

叶开又沉默了很久,才一个字一个字地慢慢说道:"只有一点关系。"

萧别离道:"什么关系?"

叶开忽然转过身,凝视着他,缓缓道:"你为何不问问我是什么人?"

萧别离道:"我问过,很多人都问过。"

叶开道:"现在你为何不问?"

萧别离道:"因为我已知道你叫叶开,木叶的叶,开心的开。"

叶开道:"但叶开又是个什么样的人呢?"

萧别离微笑道:"在我看来像是个很喜欢多管闲事的人。"

叶开忽然也笑了笑,道:"这次你错了。"

萧别离道:"哦?"

叶开道:"我管的并不是闲事。"

萧别离道:"不是?"

叶开道:"绝不是!"

萧别离看着他,看了很久,忽然问道:"你究竟是什么人?"

叶开又笑了,道:"这句话我知道你一定会再问一次的。"

萧别离道:"你知道的实在太多。"

叶开道:"你知道的实在太少。"

萧别离冷笑。叶开忽然走过来,俯下身,在他耳边低低说了几句话。他声音说得很轻,除了萧别离外,谁也不能听见他在说什么。

萧别离只听了一句,脸上的笑容就忽然冻结,等叶开说完了,他全身每一根肌肉都似已僵硬。

风从窗外吹进来,灯光闪动。

闪动的灯光照在他脸上,这张脸竟似已变成了另外一个人的脸。他看着叶开时,眼色也像是在看着另外一个人。

没有人能形容他脸上这种表情。那不仅是惊讶,也不仅是恐惧,而是崩溃……只有一个已完全彻底崩溃了的人,脸上才会有这种表情。

叶开也在看着他,淡淡道:"现在你是不是已承认了?"

萧别离长长叹息了一声,整个人就像是突然萎缩了下去。

又过了很久,他才叹息着道:"我的确知道的太少,我的确错了。"

叶开也叹了口气,道:"我说过,每个人都难免会错的。"

萧别离凄惨地点点头,道:"现在我总算已明白你的意思,这虽然已经太迟,但至少总比永远都不明白的好。"

他垂下头，看着桌上的骨牌，苦笑着又道："我本来以为它真的能告诉我很多事，谁知道它什么也没有告诉我。"

骨牌在灯下闪着光，他伸出手，轻轻摩挲。

叶开看着他手里的骨牌，道："无论如何，它总算已陪了你很多年。"

萧别离叹道："它的确为我解除了不少寂寞，若没有它，日子想必更难过，所以它虽然骗了我，我并不怪它。"

叶开道："能有个人骗骗你，至少也比完全寂寞的好。"

萧别离凄然笑道："你真的懂，所以我总觉得能跟你在一起谈谈，无论如何都是件令人愉快的事。"

叶开道："多谢。"

萧别离道："所以我真想把你留下来陪陪我，只可惜我也知道你绝不肯的。"

他苦笑着，叹息着，突然出手，去抓叶开的腕子。

他的动作本来总是那么优美，那么从容。但这个动作却突然变得快如闪电，快得几乎已没有人能闪避。

他指尖几乎已触及了叶开的手腕。只听"咔嚓"的一声，已有样东西被他捏碎了，粉碎！

但那并不是叶开的手腕，而是桌上装骨牌的匣子。就在那电光石火般的一瞬间，叶开用这匣子代替了自己的腕子。

这本是个精巧而坚固的匣子，用最坚实干燥的木头做成的。

这种木头本来绝对比任何人的骨头都结实得多了，但到了他手里，竟似突然变成了腐朽的干酪，变成了粉末。

木屑粉末般从他指缝里落下来。叶开的人却已在三尺外。

过了很久，萧别离才抬起头，冷冷道："你有双巧手。"

叶开微笑道："所以我很想留着它，留在自己的腕子上。"

萧别离道："你想必还有个猎犬般的鼻子。"

叶开道："鼻子也捏不得，尤其是你这双手更捏不得。"

摸了十几年铁铸的骨牌后，无论什么东西到了这双手里，都会变得不堪一捏了。

萧别离道："你难道真的不肯留下来陪陪我？"

叶开笑道："这副骨牌陪了你十几年，你却还是把它的匣子捏碎了，岂非叫人看着寒心。"

萧别离又长长叹息了一声，喃喃道："看来你真是个无情的人。"

他身子突然跃起，以左手的铁拐作圆心，将右手的铁拐横扫了出去。

没有人能形容这一扫的威力。这么大的一间屋子，现在几乎已完全在他这只铁拐的威力笼罩下。

这一拐扫出，屋子里就像是突然卷起了一阵狂风！

叶开的人却已到了屋梁上。

他刚用脚尖勾住了屋梁,萧别离突又凌空翻身,铁拐双举。铁拐里突然暴雨般射出了数十点寒星。

断肠针!他的断肠针,原来竟是从铁拐里发出来的,他的手根本不必动,难怪没有人能看得出了。

每一根断肠针,都没有人能闪避。现在他发出的断肠针,已足够要三十个人的命!

但叶开却偏偏是第三十一个人。

他的人突然不见了。

等他的人再出现时,断肠针却已不见了。

萧别离已又坐到他的椅子上,仿佛还在寻找着那已不存在了的断肠针。

他不能相信。数十年来,他的断肠针只失手过一次——在梅花庵外的那一次。

他从不相信还有第二次。但现在他却偏偏不能不信。

叶开轻飘飘落下来,又在他对面坐下,静静地凝视着他。

屋子里又恢复了平静,没有风,没有针,就像是什么都没有发生过。

也不知过了多久,萧别离终于叹息了一声,道:"我记得有人问过你一句话,现在我也想问问你。"

叶开道:"你问。"

萧别离盯着他,一字字道:"你究竟是不是个人?算不算是一个人?"

叶开笑了。有人问他这句话,他总是觉得很愉快,因为这表示他做出的事，本是没有人能做得到的。

萧别离当然也不会等他答复，又道："我刚才对你三次出手，本来都是没有人能闪避的。"

叶开道："我知道。"

萧别离道："但你却连一次都没有还击。"

叶开道："我为什么要还击，是你想要我死，并不是我想要你死。"

萧别离道："你想怎么样？"

叶开道："不怎么样。你还是可以在这里开你的妓院，摸你的骨牌，喝你的酒。"

萧别离双拳突又握紧，眼角突然收缩，缓缓道："以前我能这么做，因为我有目的，因为我想保护马空群，想等那个人来杀了他！"

他的脸已因痛苦而扭曲，嘎声道："现在我已没什么可想，我怎么能再这样活下去！"

叶开吐出口气，淡淡道："那就是你自己的事，你应该问你自己。"

他微笑着站起来，转身走出去，他走得并不快，却没有回头，也没有停下来。

现在世上再也没有人能令他留在这里。

但萧别离却已只能留在这里。

他已无处可去。

看着叶开走出了门，他身子突然颤抖起来，抖得就像是刚从噩梦中惊醒的孩子。

他的确刚从噩梦中惊醒,但醒来时却比在噩梦中更痛苦。

夜更深,更静。没有人,没有声音,只有那骨牌还在灯下看着他。

他忽然抓起骨牌,用力抛出。

骨牌被抛出时,他的泪已落了下来……

一个人若已没有理由活下去,就算还活着,也和死全无分别了。

这才是一个人最悲痛的。

绝没有更大的。

东方已依稀现出了曙色。黑暗终必要过去,光明迟早总会来的。

青灰色的苍穹下,已看不见烟火,无论多猛烈的火势,也总有熄灭的时候。

救火的人已归去,叶开站在山坡上,看着面前的一片焦土。

他心里虽也觉得有点惋惜,却并不觉得悲伤。因为他知道大地是永远不会被毁灭的,就跟生命一样。

宇宙间永远都有继起的生命!大地也永远存在。

他知道用不着再过多久,生命就又会从这片焦土上长出来。

美丽的生命。

他眼前仿佛又出现了一片美丽的远景,一片青绿。

这时风中已隐约有铃声传来,铃声清悦,笑声也同样清悦。

丁灵琳已牵着那孩子向他走过来,银铃般笑道:"这次你倒真守信,居然先来了。"

叶开微笑着,看着这孩子。

看到这孩子充满生命力的脸,他就知道自己的信念永远是正确的。

他走上去,拉起这孩子的手,他要带这孩子到一个地方去,将这孩子心里的仇恨和痛苦埋藏在那里。

他希望这孩子长大后,心里只有爱,没有仇恨!

这一代人之所以痛苦,就因为他们恨得太多,爱得太少。

只要他们的下一代能健康快乐地活下去,他们的痛苦也总算有了价值。


石碑上的刀痕仍在,血泪却已干了。

叶开拉着孩子的手跪下去,跪在石碑前。

"这是你父亲的兄弟,你要永远记着,千万不能和这家人的后代成为仇敌。"

"我会记得的。"

"你发誓永远不忘记?"

"我发誓。"

叶开笑了,笑得从未如此欢愉。

"我知道你是个好孩子。"

"我想去找我爹爹和我姐姐,你带不带我去?"

"当然带你去。"

"你能找到他们?"

"你要记着,只要你有信心,天下本没有做不到的事。"

孩子也笑了。

笑容在孩子的脸上,就像是草原上马群的奔驰,充满了一种无比美丽的生命力,足以鼓舞人类前进。

但现在草原上却仍是悲怆荒凉,放眼望去,天连着大地,地连着天,一片灰暗。

万马堂的大旗,是不是还会在这里升上去?

风在呼啸。

叶开大步走过寂静的长街。

这些日子,他对这地方已很熟悉,甚至已有了感情,但现在他并没有那种比风还难斩断的离愁别绪。

因为他知道他必将回来的!

## 第二十七章

## 出鞘一刀

秋。秋色染红了枫林,枫林在群山深处。

三十四匹马,二十六个人。人在马上欢呼,欢呼着驰入枫林。马是快马,人更剽悍。他们的脸上却带着风霜,有的甚至已受了伤,可是他们不在乎,因为这一次出猎的收获很丰富。

他们猎的是人,是别人的血汗。他们的收获就在马背上,是四十个沉重的银箱子。

别人骂他们是土匪,是马贼,是强盗,可是他们一点也不在乎。因为他们认为自己是好汉——绿林好汉。

绿林好汉喝酒当然要用大碗,吃肉当然要切大块。

大碗的酒,大块的肉,和银鞘子一起摆在桌上,等着他们的老大分配。

他们的老大是个独眼龙,所以他的名字就叫作独眼龙。他喜欢用一块黑布蒙着这只瞎了的眼睛,因为他觉得这样子看来很有威严。事实上,他也的确是个很有威严的人,因为他虽然残忍,却很公平。

只有公平的人,才能做个绿林好汉的老大。

何况他还有两个随时都肯为他拼命的好兄弟,一个勇敢,一个机智。

勇敢的叫屠老虎。

机智的叫白面郎中。

绿林好汉若没有一个响亮的外号,那还成什么绿林好汉。

所以他们几乎已将自己本来的名字忘了。


屠老虎的头脑本来就比一只真老虎聪明不了多少,尤其在喝了酒之后,他简直比老虎还笨,也比老虎还要凶。

他最凶的是拳头。据说他一拳可以打死只活老虎,这虽然没有人真的看过,却没有人敢怀疑。

因为他一拳打死的人已不少。

这次他们出猎时,镇远镖局的二镖头"铁金刚",就是被他一拳打死的。

所以这次他分的银子最多,被人恭维的也最多。

"那个铁金刚到了我们二寨主拳头下,简直就像是纸扎的。"

屠老虎大笑,觉得开心极了。

可是他忽然发现人们的笑声都已停顿,一双双眼睛都在盯着大门。

他跟着看过去,笑声也立刻停顿。他几乎不能相信自己的眼睛。

一个人正从大门外慢慢地走进来,一个本来绝不可能在这里出现的人。

一个女人,美丽得令人连呼吸都随时会停顿的那种女人。

这地方叫龙虎寨,就在枫林后,四面群山环抱,奇峰矗立,看起来就像是一只野兽,正张大了嘴在等着择人而噬。

他们这些人,也正像是一群野兽。

谁也不愿意被野兽吞下去,所以这地方非但很少看得见陌生人,连飞鸟都已几乎绝迹。

但现在这地方竟来了个陌生的女人。

她身上穿的是件质料极高贵的墨绿百褶裙,漆黑的长发,挽着当时最时髦的杨妃堕马髻,满头珠翠,衬得她的头发更黑,皮肤更白。

她脸上带着甜蜜而成熟的微笑,莲步姗姗,慢慢地走了进来,就像是一个盛装赴宴的贵妇,正步入一个特地为她举行的宴会里。

每个人的眼睛都直了。他们并不是没有见过女人的男人,却实在没见过这种女人。

他们的老大虽然清醒得最早,但老大是一向不轻易开口的。

他沉着脸,向屠老虎打了个眼色,屠老虎立刻一拍桌子,厉声道:"你是什么人?"

这绿裙丽人嫣然一笑,柔声道:"各位难道看不出我是个女人?"

她的确从头到脚都是个女人，连瞎子都能看得出她是个女人。

屠老虎板着脸，道："你来干什么？"

绿裙丽人笑得更甜："我们想到这里来住三个月，好吗？"

这女人莫非疯了，竟想到强盗窝里来住三个月？

"我希望你们能把这里最好的屋子让给我们住，床上的被褥最好每天换两次。"

"……"

"我们一向是很喜欢干净的人，但吃得倒很随便，每天三餐只要有牛肉就够了，但却要最嫩的小牛腰肉，别的地方的肉都吃不得的。"

"……"

"我们白天不大喝酒，但晚上却希望你们准备几种好酒，其中最好能有波斯来的葡萄酒，和三十年陈的竹叶青。"

"……"

"我们睡觉的时候，希望你们能派三班人轮流在外面守夜，但却千万不可发出声音来，因为我们很容易被惊醒，一醒就很难再睡着。"

"……"

"至于别的地方，我们就可以马虎一点了，我知道你们本都是个粗人，所以并不想太苛求。"

"……"

大家面面相觑，听着她一个人在自说自话，就好像在听着疯子唱歌似的。但她却说得很自然,仿佛她要求的本是天经地义的事,没有人能拒绝她。

等她说完了,屠老虎才忍不住大笑,道:"你当这里是什么地方?是个客栈?是个饭馆?"

绿裙丽人嫣然笑道:"但是我们也并没有准备付钱。"

屠老虎忍住笑道:"要不要我们付钱给你?"

绿裙丽人笑道:"你若不提醒,我倒差点忘了,这桌上的银鞘子,我们当然也要分一份。"

屠老虎道:"分多少?"

绿裙丽人道:"只要分一半就行了。"

屠老虎道:"一半不嫌太少么?"

绿裙丽人道:"我刚才说过,我们并不是十分苛求的人。"

屠老虎又仰面大笑,就像是从来也没听见这么可笑的事。

每个人都在笑,只有独眼龙和白面郎中的神色还是很严肃。

白面郎中的脸看来比纸还白,突然道:"你刚才说你们要来,你们有多少人?"

绿裙丽人道:"只有两个人。"

白面郎中道:"还有一个是谁?"

绿裙丽人笑道:"当然是我丈夫,我难道还能跟别的男人住在一起么?"

白面郎中道:"他的人呢?"

绿裙丽人道:"就在外面。"

白面郎中忽然笑了笑,道:"为什么不请他一起进来?"

绿裙丽人道:"他脾气一向不好,我怕他出手伤了你们。"

白面郎中微笑道:"你不是怕我们伤了他吧?"

绿裙丽人也笑了,嫣然道:"不管怎么样,我们总是来做客的,不是来打架。"

白面郎中道:"这样你就来对了,我们这里的人本就从来不喜欢打架的。"

他忽然沉下了脸,冷冷道:"我们这里的人,一向只杀人!"

从院子里还可以看见那片枫林。

这个人就站在院子里,面对着枫林外的远山。

暮色苍茫,远山是青灰色的,青灰中带着墨绿,在这秋日的黄昏里,天地间仿佛总是充满了一种说不出的惆怅萧索之意。

这人的眼睛也和远山一样,苍凉、迷茫、萧索。

他背负着双手,静静地站在那里,静静地眺望着远山。他的人却似比远山更遥远,似已脱离了这世界。

最后的一抹夕阳,淡淡地照在他脸上。他脸上的皱纹又多又深,每一条皱纹中,都仿佛藏着数不清的辛酸往事、痛苦经验。

也许他已太老了,可是他的腰仍然笔挺,身子里仍然潜伏着一种可怕的力量。

他虽然并不高,也不魁伟,但有股力量使得他看来显得很严肃,令人不由自主会对他生出尊敬之意。

只可惜这里的绿林好汉们,从来也不懂得尊敬任何人。

屠老虎第一个冲出来,第一个看见这个人。

"就是这老头子?"

屠老虎仰天狂笑道:"我一拳若打不死他,我就拿你们当祖宗一样养三年。"

绿裙丽人淡淡道:"你为何不去试试?"

屠老虎大笑道:"你不怕做寡妇?"

他大笑着冲过去。他的身材魁伟,笑声如洪钟。

但这老人却像是完全没有看见,完全没有听见。他神情看来更萧索,更疲倦,仿佛只想找个地方静静地躺下来。

屠老虎冲到他面前,又上上下下看了他几眼,道:"你真的想到这里来住三个月?"

老人叹了口气,道:"我很疲倦,这地方看来又很宁静……"

屠老虎狞笑道:"你若真的想找个地方睡觉,就找错地方了,这里没有床,只有棺材。"

老人连看都没有看他一眼,淡淡道:"你们若不答应,我们可以走。"

屠老虎狞笑道:"既然已来了,你还想走?"

老人嘴角忽然露出一丝讥诮的笑意,道:"那么我只好在这里等了。"

屠老虎道:"等什么?"

老人道:"等你的拳头。"

屠老虎狞笑道:"你也用不着再等了。"

他突然出手,迎面一拳向老人痛击过去。

这的确是致命的一拳,迅速、准确、有力,非常有力。拳头还未到,拳风已将老人花白的头发震得飞舞而起。

老人却没有动,连眼睛都没有眨。

他看着这只拳头,嘴角又露出了那种讥诮的笑意。然后他的拳头也送了出去。

他的人比较矮,出拳也比较慢。可是屠老虎的拳头距离他的脸还有三寸时,他的拳头已打在屠老虎的鼻梁上。

每个人都听到一声痛苦的骨头折碎声。

声音刚响起,屠老虎那一百多斤重的身子,也已被打得飞了出去。飞出去四丈外,重重地撞在墙上,再沿着墙滑下来。

他倒下去的时候,鼻梁已歪到眼睛下,一张脸已完全扭曲变形。

老人还是连看都没有看他一眼,慢慢地取出一块丝巾,擦干了拳上的血迹,目光又凝视在远山外。

他的眼睛也和远山一样,是青灰色的。


独眼龙的脸色已变了。他手下的弟兄们在震惊之后,已在怒喝着,想扑上去。

但白面郎中却阻止了他们,在独眼龙耳畔,悄悄说了几句话。

独眼龙迟疑着,终于点了点头,忽然挑起大拇指,仰面笑道:"好,好身手!这样的客人我们兄弟请都请不到,哪有拒绝之理。"

白面郎中笑道:"小弟老早就知道大哥一定很欢迎他们的。"

独眼龙大步走到老人面前,抱拳笑道:"不知朋友高姓大名?"

老人淡淡道:"你用不着知道我是谁,我们也不是朋友。"

独眼龙居然面不改色,还是笑着道:"却不知阁下想在这里逗留多久?"

绿裙丽人抢着道:"你放心,我们说过只住三个月的。"

她嫣然一笑,接着道:"三个月后我们就走,你就算要求我们多留一天都不行。"

其实她当然也知道,绝对没有人会留他们的。

"三个月后呢?那时再到哪里去?"

无论如何,那已是三个月以后的事了,现在又何必想得太多呢?


他慢慢地在前面走着,左脚先迈出一步,右腿才跟着慢慢地拖过去。

他手里紧紧握着一柄刀。漆黑的刀!

他的眼睛也是漆黑的,又黑又深,就跟这已逐渐来临的夜色一样。

秋夜,窄巷。就这样走着,在无数个有月无月的晚上,他已走过无数条大街小巷。

走到什么时候为止?

他一定要找到的人,还是完全没有消息。他也问过无数次。

"你有没有看见过一个老头子?"

"每个人都看见过很多老头子,这世上的老头子本就很多。"

"但是这老头子不同,他有一只手上的四根指头全都削断了。"

"没有看过,也没有人知道这老人的消息。"

他只有继续走下去。

她垂着头,慢慢地跟在他身后。这并不是因为她不想走在他身旁,而是她总觉得他不愿让她走在身旁。

虽然他从来没有说出来过,可是他对她好像总有些轻视。

也许他轻视的并不是别人,而是自己。

她也从来没有劝过他,叫他不要再找了,只是默默地跟着他走。

也许她心里早已知道他是永远找不到那个人的。


空巷外的大街上,灯火通明。

也不知为了什么,若不是因为要向人打听消息,他总是宁愿留在黑暗的窄巷里。

现在他们总算已走了出来。

她眼睛立刻亮了,美丽的嘴角也露出了笑意,整个人都有了生气。

她跟他不同。她喜欢热闹,喜欢享受,喜欢被人赞美,有时也会拒绝别人,但那只不过是在抬高自己的身价而已。

她一向都懂得要怎样才能使男人喜欢她,男人绝不会喜欢一个他看不起的女人。

这时正是酒楼饭铺生意最好的时候,你若想打听消息,也没有比酒楼饭铺更好的地方。这条街正是酒楼饭铺最多的一条街。

他们从窄巷里走出来,走上这条街,忽然听到有人大呼:"翠浓!"

两个人刚从旁边的酒楼下来,两个衣着很华丽的大汉,一个人身上佩着刀,一个人腰畔佩着剑。

佩刀的人拉住了她的手。

"翠浓,你怎么会到这里来了?什么时候来的?"

"……"

"我早就劝过你,不要待在那种穷地方。像你这样的人才,到了大城里来,用不着两年,我保证你就可以把金元宝一车车地装回去。"

"……"

"你为什么不说话?我们是老交情了,你难道会忘了我!"

这佩刀的大汉显然喝了几杯，在街上大喊大叫，好像生怕别人不知道他跟这美丽的人有交情。

翠浓却只是低着头，用眼角瞟着傅红雪。

傅红雪并没有回头，却已停下脚，握刀的手背上已现出青筋。

佩刀的大汉回头看了看，又看了看翠浓，终于明白了。

"难怪你不敢开口，原来你已有了个男人，但是你什么人不好找，为什么要找个跛子？"

这句话还没有说完，他已发现翠浓美丽的眼睛里忽然充满了恐惧之色。

他跟着翠浓的目光一起看过去，就看见了另一双眼睛。

这双眼睛并不太大，也并不锐利，但却带着种说不出的冷酷之意。

佩刀的大汉并不是个懦夫，而且刚喝了几杯酒，但这双眼睛看着他时，他竟不由自主忽然觉得手足冰冷。

傅红雪冷冷地看着他，看着他身上的刀，忽然道："你姓彭？"

佩刀的大汉厉声道："是又怎么样？"

傅红雪道："你是山西五虎断门刀彭家的人？"

佩刀的大汉道："你认得我？"

傅红雪冷冷道："我虽然不认得你，但却认得你的刀！"

这柄刀就和他身上的衣着一样，装饰华丽得已接近奢侈。刀的形状很奇特，刀头特别宽，刀身特别窄，刀柄上缠着五色彩缎。

佩刀的大汉挺起胸，神气十足地大声道："不错，我就是彭烈！"

傅红雪慢慢地点了点头，道："我听说过。"

彭烈面有得色，冷笑道："你应该听说过。"

傅红雪道："我也听说过彭家跟马空群是朋友。"

彭烈道："我们是世交。"

傅红雪道："你到万马堂去过？"

彭烈当然去过，否则他怎么会认得翠浓。

傅红雪道："你知不知道马空群的下落？"

彭烈道："他不在万马堂？"

他觉得很诧异，显然连万马堂发生了什么事都不知道。

傅红雪轻轻叹息了一声，觉得很失望。

彭烈道："你也认得三老板？"

傅红雪冷冷地笑了笑，目光又落在他的刀上，道："这柄刀的确很好看。"

彭烈面上又露出得意之色，他的刀实在比傅红雪的刀好看得多。

傅红雪道："只可惜刀并不是看的。"

彭烈道："是干什么的？"

傅红雪道："你不知道刀是杀人的？"

彭烈冷笑道："你以为这柄刀杀不死人？"

傅红雪冷冷道："至少我没有看见它杀过人。"

彭烈变色道："你想看看？"

傅红雪道："的确很想。"

他的脸色也已变了，变得更苍白，苍白得已接近透明。

彭烈看着他的脸，竟不由自主后退了半步，忽然大笑道："你这柄刀呢？难道也能杀人？"

他心里愈恐惧，笑声愈大。

傅红雪没有再说话。现在他若要再说话时，就不是用嘴说了，而是用他的刀！

用刀来说话，通常都比用嘴说有效。

那佩剑的是个很英俊的少年，身材很高，双眉微微上挑，脸上总是带着种轻蔑之色，好像很难得将别人看在眼里。

他一直在旁边冷冷地看着，这时竟忽然叹了口气，道："以前也有人说过这句话。"

彭烈道："说过什么话？"

佩剑的少年道："说他这柄刀不能杀人。"

彭烈道："是什么人说的？"

佩剑的少年道："是个现在已经死了的人。"

彭烈道："是谁？"

佩剑的少年，道："公孙断！"

彭烈悚然失色，道："公孙断已死了？"

佩剑的少年道："就是死在这柄刀下的。"

彭烈额上忽然沁出了冷汗。

佩剑的少年道："而且三老板也已经被逼出了万马堂。"

彭烈道："你……你怎么知道？"

佩剑的少年道："我刚从西北回来。"

傅红雪的眼睛已在盯着他，忽然问道："去干什么的？"

佩剑的少年道："去找你。"

这次傅红雪也不禁觉得很意外。

佩剑的少年又道："我想去看看你。"

傅红雪道："特地去看我？"

佩剑的少年道："不是去看你的人，而是去看你的刀！我只想看看你的刀究竟有多快！"

傅红雪握刀的手突然握紧，苍白的脸几乎已完全透明。

佩剑的少年道："我姓袁，叫袁青枫，袁家和万马堂也是世交。"

傅红雪又慢慢地点了点头，道："我明白了。"

袁青枫道："你应该明白的。"

傅红雪道："你现在是不是还想看看我的刀？"

袁青枫道："是。"

傅红雪垂下头，凝视着自己握刀的手。

袁青枫道："你还不拔刀？"

傅红雪道："好，先拔你的剑！"

袁青枫道："天山剑派的门下，从来还未向人先拔过剑！"

傅红雪脸上忽然出现了种很奇怪的表情，喃喃道："天山……天山……"

他目光已在眺望着远方，眼睛里仿佛已充满了思念和悲哀。

袁青枫道:"拔你的刀!"

傅红雪握刀的手更用力。他左手握刀,右手忽然握住了刀柄。

彭烈竟又不由自主后退了半步,翠浓美丽的眼睛似已因兴奋而燃烧起来。

袁青枫的脸上,虽然还是全无表情,但他的手也不禁握住了剑柄。

"天山……天山……"

忽然间,刀光一闪!

只一闪!

等到人的眼睛看见这比闪电还快的刀光时,刀已又回到刀鞘里。

有风吹过,一根根红丝飞起。

袁青枫剑上的红丝绦却已赫然断了。

傅红雪还是低着头,看着自己握刀的手,道:"现在你已看过了。"

袁青枫脸上还是全无表情,但额上却已有冷汗流下来了。

傅红雪道:"我这柄刀本不是看的,但却为你破例了一次。"

袁青枫什么话都没有再说,慢慢地转过身,走入酒楼旁的窄巷里。

他还没有看见傅红雪的刀,只不过看见了刀光。

但这已足够。

人已去了,血红的丝绦却还有一两条留在风中。

彭烈握刀的手已湿透。

傅红雪转过头来,凝视着他,道:"我的刀你已看过?"

彭烈点点头。

傅红雪道:"现在我想看看你的刀。"

彭烈咬着牙,咬牙的声音,听来就像是刀锋摩擦一样。

突听一人道:"这把刀不好看。"

路上刚有顶轿子经过,现在已停下,这声音就是从轿子里发出来的。

是女人的声音,很好听的女人声音,但却看不见她的人。

轿上的帘子是垂着的。

傅红雪冷冷道:"这柄刀不好看?什么好看?"

轿子里的人笑道:"我就比这柄刀好看。"

她不但笑声如银铃,而且真的好像有铃铛"叮铃铃"地响。

清脆的铃声中,轿子里已有个人走下来,就仿佛一朵白莲开放。

她穿的是件月白衫子,颈子上,腕子上,甚至连足踝上都挂满了带着金圈子的铃铛。

丁灵琳。

傅红雪眉尖已皱起,道:"是你?"

丁灵琳眼波流动，嫣然道："想不到你居然还认得我。"

其实傅红雪根本不认得她，只不过看见过她跟叶开在一起。

丁灵琳笑道："我说这把刀不好看，因为这并不是真正的五虎断门刀。"

傅红雪道："不是？"

丁灵琳道："你若要看真正的五虎断门刀，就该到关中的五虎庄去。"

她忽又转身向彭烈一笑，道："现在他一定不想再看你的刀，你还是快去喝酒吧，小叶一定已经等得急死了。"

傅红雪道："小叶？"

丁灵琳道："今天晚上小叶请客，我们都是他的客人。"

她娇笑着，接着道："他不喜欢死客人，也不喜欢客人死。"

傅红雪道："叶开？"

丁灵琳道："除了他还有谁？"

傅红雪道："他也在这里？"

丁灵琳道："就在那边的天福楼，看见你去了，他一定开心得要命！"

傅红雪冷冷道："他看不见我的。"

丁灵琳道："你不去？"

傅红雪道："我不是他的客人。"

丁灵琳叹了口气,道:"你若不去,也没有人能勉强你,只不过……"

她用眼角瞟着傅红雪,悠然道:"他今天请的客人,消息全都灵通得很,若要打听什么消息,到那里去是再好也没有的了。"

傅红雪没有再说什么。

他已转身向天福楼走了过去,似已忘记了还有个人在等他。

丁灵琳看了翠浓一眼,又叹了口气,道:"他好像已忘记你了。"

翠浓笑了笑,道:"但是我并没有忘记他。"

丁灵琳眨了眨眼,道:"他为什么不带你去?"

翠浓柔声道:"因为他知道我自己会跟着去的。"

她果然跟着去了。

丁灵琳看着她苗条的背影,婀娜的风姿,喃喃道:"看来这才是对付男人最好的法子。"

她说话的声音并不高,翠浓的耳朵很尖,忽又回眸一笑,道:"你为什么不学学我呢?"

丁灵琳嫣然一笑,道:"因为这种人盯人的法子本是我创出来的。"


天福楼上的客人很多,每个人的衣着都很考究,气派都很大。

丁灵琳并没有替叶开吹牛,真正消息灵通的人,当然都是有地位、有办法的人。

能请到这种人并不容易，何况一下子就请了这么多人。

两个多月不见，叶开好像也突然变成个很有办法的人了。

他身上穿的是五十两银子一件的袍子，脚上着的是粉底官靴，头发梳得又黑又亮，还戴着花花大少们最喜欢戴的那种珍珠冠。

这人以前本来不是这样子的，傅红雪几乎已不认得他了。

但叶开却还认得他。

他一上楼，叶开就一眼看见了他。

灯火辉煌。

傅红雪的脸在灯下看来却更黑。

已经有很多人看见了这柄刀，先看见这柄刀，再看见他的人。

傅红雪眼睛里却好像连一个人都没有看见。

叶开已到了他面前，也带着笑在看他。

只有这笑容还没有变，还是笑得那么开朗，那么亲切。

也许就因为这一点，傅红雪才看了他一眼，冷冷的一眼。

叶开笑道："真想不到你会来。"

傅红雪道："我也想不到。"

叶开道："请坐。"

傅红雪道:"不坐。"

叶开道:"不坐?"

傅红雪道:"站着也一样可以说话。"

叶开又笑了,道:"我知道你要说什么。"

傅红雪道:"你知道?"

叶开点点头,又叹道:"只可惜我也没有听过那人的消息。"

傅红雪沉默着,过了很久,突然道:"再见。"

叶开道:"不喝杯酒?"

傅红雪道:"不喝。"

叶开笑道:"一杯酒绝不会害人的。"

傅红雪道:"但我却绝不会请你喝酒。"

叶开苦笑道:"我碰过你的钉子。"

傅红雪道:"我也绝不喝你的酒。"

叶开道:"我们不是朋友?"

傅红雪道:"我没有朋友。"

他忽然转过身,走出去,左脚先迈出一步,右腿再跟着慢慢地拖过去。

叶开看着他的背影,笑容已变得有些苦涩。

可是,傅红雪并没有走下楼,因为这时丁灵琳正和翠浓从楼梯走上来。

楼梯很窄。

翠浓站在楼梯口,似已怔住,她已看见了叶开,叶开正在看着她。

傅红雪也在看着她,丁灵琳却在看着叶开。

四双眼睛里的表情全都不同，没有人能形容他们此刻的表情。

幸好翠浓很快就垂下了头。

但叶开还是在盯着她。

丁灵琳走上来，傅红雪走下去。

翠浓也无言地转过身，跟着他走下去，没有再看叶开一眼。

但叶开却还是在盯着那空了的楼梯口，痴痴地出了神。

丁灵琳忍不住拍他的肩，冷冷道："人家已走了。"

叶开道："哦？"

丁灵琳道："跟着你的朋友走了。"

叶开道："哦。"

丁灵琳冷冷道："你若想横刀夺爱，可得小心些，因为那个人的刀也很快。"

叶开笑了。

丁灵琳也在笑，却是冷笑，冷笑着道："只不过那个女人的确不难看，听说她以前就是靠这张脸赚钱的，你的钱大概也被她赚了不少。"

叶开道："你以为我在看她？"

丁灵琳道："你难道没有？"

叶开道："我只不过在想……"

丁灵琳道："在心里想比用眼睛更坏。"

叶开叹了口气，道："我心里在想什么，你永远不会相信的。"

丁灵琳眼珠子一转，道："我相信，只要你告诉我，我就相信。"

叶开叹道:"我只希望她真的喜欢傅红雪,真的愿意一辈子跟着他,否则……"

丁灵琳道:"否则怎么样?"

叶开目中似乎有些忧郁之色,缓缓道:"否则也许我就不得不杀了她!"

丁灵琳道:"你舍得?"

叶开淡淡道:"我本不是个怜香惜玉的人。"

丁灵琳咬着嘴唇,用眼角瞟着他,轻轻道:"我知道你是个什么样的人。"

叶开道:"哦?"

丁灵琳道:"你是个口是心非的小色鬼,所以你说的话我一个字也不相信。"

叶开又笑了,却是苦笑。

就在这时,突然楼下有人在高呼:"叶开,叶开……"

一个紫衣笠帽的少年,刚纵马而来,停在天福楼外,用一只手勒紧缰绳,另一只手却在剥着花生。

站在窗口的人,一转头就看到了他,也看到了他斜插在腰带上的那柄剑。

一柄没有鞘的剑,薄而锋利。

有的人已在失声惊呼:"路小佳!"


路小佳这三个字竟似有种神秘的吸引力,听到这名字的人,都已赶到窗口。

叶开也赶过来，笑道："不上来喝杯酒？"

路小佳仰起了脸，道："你吃不到我的花生，为何要请我喝酒？"

叶开道："那是两回事。"

他转身拿起桌上一杯酒，抛过去。

这杯酒就平平稳稳地飞到路小佳面前，就像是有人在下面托着一样。

路小佳笑了笑，手指轻轻一弹，酒杯弹起，在空中翻了个身。

杯中的酒就不偏不倚恰好倒在路小佳嘴里。

路小佳笑道："好酒。"

叶开道："再来一杯？"

路小佳摇摇头，道："我只想来问问你，你是不是也接着了帖子？"

叶开道："昨天才接到。"

路小佳道："你去不去？"

叶开道："你知道我是一向喜欢凑热闹的。"

路小佳道："好，我们九月十五，白云庄再见。"

他捏开花生，抛起，正准备用嘴去接。

谁知叶开的人已飞了出去，一张嘴，接着了这颗花生，凌空倒翻，轻飘飘地又飞了回来，大笑道："我总算吃到了你的花生了。"

路小佳怔了怔，突也大笑，大笑着扬鞭而去，只听他笑声远远传来，道："好小子，这小子真他妈的是个好小子。"

面已经凉了。面汤是混浊的,上面漂着几根韭菜。

只有韭菜,最粗的面,最粗的菜,用一只缺了口的粗碗装着。

翠浓低着头,手里拿着双已不知被多少人用过的竹筷子,挑起了几根面,又放下去。

她虽然已经很饿,但这碗面却实在引不起她的食欲来。

平时她吃的面通常是鸡汤下的,装面的碗是景德镇来的瓷器。

看着面前的这碗面,她忍不住轻轻叹了口气,放下筷子。

傅红雪碗里的面已吃光了,正在静静地看着她,忽然道:"你吃不下?"

翠浓勉强笑了笑,道:"我……不饿。"

傅红雪冷冷道:"我知道你吃不惯这种东西,你应该到天福楼去的。"

翠浓垂着头,轻轻地道:"你知道我是不会去的,我……"

傅红雪道:"你是不是怕别人不欢迎?"

翠浓摇摇头。

傅红雪道:"你为什么不去?"

翠浓慢慢地抬起了头,凝视着他,柔声道:"因为你在这里,所以我也在这里,别的无论什么地方我都不会去。"

傅红雪不说话。

翠浓悄悄地伸出手,轻抚着他的手——那只没有握刀的手。

她的手柔白纤美。她的抚摸也是温柔的,温柔中又带着种说不出的挑逗之意。

她懂得怎么样挑逗男人。

傅红雪忽然甩开了她的手,冷冷道:"你认得那个人?"

翠浓又垂下头,道:"只不过……只不过是个普通客人。"

傅红雪道:"什么叫普通客人?"

翠浓轻轻道:"你知道我以前……在那种地方,总免不了要认得些无聊的男人。"

傅红雪目中已露出痛苦之色。

翠浓道:"你应该原谅我,也应该知道我根本不想理他。"

傅红雪的手握紧,道:"我只知道你一直都在死盯着他。"

翠浓道:"我什么时候死盯着他了,只要看他一眼,我就恶心得要命。"

傅红雪道:"你恶心?"

翠浓道:"我简直恨不得你真的杀了他。"

傅红雪又冷笑,道:"你以为我说的是那个姓彭的?"

翠浓道:"你不是说他?"

傅红雪冷笑道:"我说的是叶开。"

翠浓怔住。

傅红雪道:"你是不是也认得他?他是不是个普通的客人?"

翠浓脸上也露出痛苦之色,凄然道:"你为什么要说这种话?你是在折磨我?还是在折磨你自己?"

傅红雪苍白的脸已因激动而发红,他勉强控制着自己,一字字道:"我只不过想知道,你是不是认得他而已。"

翠浓道:"就算我以前认得他,现在也已经不认得了。"

傅红雪道:"为什么?"

翠浓道:"因为现在我只认得你一个人,只是认得你。"

她又伸出手,用力握住了他的手。

傅红雪看着她的手,神色更痛苦,道:"只可惜我不能让你过你以前过惯的那种日子,你跟着我,只能吃这种面。"

翠浓柔声道:"这种面也没什么不好。"

傅红雪道:"但你却吃不下去。"

翠浓道:"我吃。"

她又拿起筷子,挑起了碗里的面,一根根地吃着,看她脸上勉强的笑容,就像是在吃毒药似的。

傅红雪看着她,突然一把夺过她的筷子,大声道:"你既然吃不下,又何必吃?……我又没有勉强你。"

他声音已因激动而嘶哑，手也开始发抖。

翠浓眼睛已红了，眼泪在眼睛里打着滚，终于忍不住道："你何必这样子对我？我……"

傅红雪道："你怎么样？"

翠浓咬了咬牙，道："我只不过觉得我们根本不必过这种日子的。"

她叹息着，柔声道："你带出来的钱虽然已快用完了，但是我还有。"

傅红雪胸膛起伏着，嘎声道："那是你的，跟我没有关系。"

翠浓道："连我的人都已是你的，我们为什么还要分得这么清楚？"

傅红雪苍白的脸已通红，全身都已因激动而颤抖，一字字道："但你为什么不想想，你的钱有多脏？我只要一想起你那些钱是怎么来的，我就要吐。"

翠浓的脸色也变了，身子也开始发抖，用力咬着嘴唇道："也许不但我的钱脏，我的人也是脏的。"

傅红雪道："不错。"

翠浓道："你用不着叫我想，我已想过，我早已知道你看不起我。"

她嘴唇已咬出血来，嘶声接着道："我只希望你自己也想想。"

傅红雪道："我想什么？"

翠浓道："你为什么不想想，我是怎么会做那种事的？我为了谁？我……我这又是何苦？"

她虽然尽力在控制着自己,还是已忍不住泪流满面,忽然站起来,流着泪道:"你既然看不起我,我又何必定要缠着你,我……"

傅红雪道:"不错,你既然有一串串的银子可赚,为什么要跟着我,你早就该走了。"

翠浓道:"你真的不要我?"

傅红雪道:"是的。"

翠浓道:"好,好,好……你很好。"

她突然用手掩着脸,痛哭着奔出去。

傅红雪没有阻拦她,也没有看她。

她已冲出去,"砰"地,用力关上了门。

傅红雪还是动也不动地坐着。他身子也不再颤抖,但一双手却已有青筋凸出,额上已有冷汗流下。可是他突然倒了下去,倒在地上不停地抽搐、痉挛,嘴角吐出了白沫。然后他就开始在地上打着滚,像野兽般低嘶着,喘息着……就像是一只在垂死挣扎着的野兽。

门又开了。

翠浓又慢慢地走了进来。她面上泪痕竟已干了,干得很快,眼睛里竟似在发着光。但是她的手却又在颤抖。那绝不是因为痛苦而颤抖,而是因为兴奋!紧张!她眼睛盯着傅红雪,一步步走过去……突然间,她听到一种奇怪的声音——咀嚼的声音!

一个人不知何时已从窗外跳进来,正倚在窗口,咀嚼着花生。

路小佳!

翠浓脸色变了,失声道:"你来干什么?"

路小佳道:"我不能来?"

翠浓道:"你想来杀他?"

路小佳笑了笑,淡淡道:"是我想杀他?还是你想杀他?"

翠浓脸色又变了变,冷笑道:"你疯了,我为什么想杀他?"

路小佳叹了口气:道"女人若要杀男人,总是能找出很多理由来的。"

翠浓忽然挡在傅红雪前面,大声道:"不管你怎么说,我也不许你碰他。"

路小佳冷冷道:"就算你请我碰他,我也没兴趣,我从来不碰男人的。"

翠浓道:"你只杀男人?"

路小佳答道:"我也从来不杀一个已经倒下去的男人。"

翠浓道:"你究竟是来干什么的?"

路小佳道:"只不过来问问你们,有没有接到帖子而已。"

翠浓道:"帖子?什么帖子?"

路小佳又叹了口气,道:"看来你们的交游实在不够广阔。"

翠浓道:"我们用不着交游广阔。"

路小佳道:"不交游广阔怎么能找到人?"

他突然拔剑,眨眼间就在墙上留下了八个字!

"九月十五,白云山庄。"

翠浓道:"这是什么意思?"

路小佳笑了笑,道:"这意思就是,我希望你们能在九月十五那天,活着到白云山庄去,死人那里是不欢迎的。"

一阵风吹过,窗台上有样东西被吹了下来,是个花生壳。路小佳的人却似已被吹走了。

风吹木叶,簌簌地响,傅红雪的喘息却已渐渐平静下来。

翠浓痴痴地站在那里,怔了许久,终于俯下身,抱起了他。

她的怀抱温暖而甜蜜。她一向懂得应该怎么样去抱男人。

# 第二十八章

## 有女同行

九月十四。土王用事,曲星。宜沐浴,忌出行。冲虎煞南,晴。

黄昏。

官道旁有个茶亭。

并不是每个茶亭都只供应茶水,有些茶亭中也有酒。茶是免费的,酒却要用钱买。

这茶亭里有四种酒,都是廉价的劣酒,而且大多是烈酒。除了酒之外,当然还有廉价的食物,豆干、卤蛋、馒头、花生。

茶亭四面的树荫下摆着些长板凳,很多人早就在板凳上,跷着脚,喝着酒,剥着花生。

傅红雪却在看别人剥着花生,似已看得出了神。有的人正在用花生和豆干配酒,有些人正在用花生和豆干配馒头。花生和豆干,本来就好像说相声的一样,一定要一搭一档才有趣,分开来就淡而无味了。但他却只要豆干,拒绝花生。好像花生只能看,不能吃的。

翠浓忍不住悄悄道:"你还在想那个人?"

傅红雪闭着嘴。

翠浓道:"就因为他喜欢吃花生,所以你不吃?"

傅红雪还是闭着嘴。

翠浓叹了口气,道:"我知道……"

傅红雪突然道:"你知道什么?"

翠浓道:"你的病发作时,不愿被人看见,但他却偏偏看见了,所以你恨他。"

傅红雪又闭起了嘴,闭得很紧,就和他握刀的手一样紧。除了他之外,这里很少有人带刀。也许就因为这柄刀,所以大家都避开了他,坐得很远。

翠浓又叹了一口气,道:"九月十五,白云庄,他为什么要在九月十五这天到白云庄去呢?我真不明白……"

傅红雪冷冷道:"你不明白的事很多。"

翠浓道:"但是我却不能不想。"

傅红雪道:"想什么?"

翠浓道:"他要我们去,一定没什么好意,所以我更不懂你为什么一定偏偏要去。"

傅红雪道:"没有人要你去。"

翠浓垂下头,咬着嘴唇,不说话了。她已不能再说,也不敢再说。

茶亭外的官道旁,停着几辆大车,几匹骡马。到这里来的,大多是出卖劳力的人,除了喝几杯酒外,生命中并没有太多乐趣。几杯酒下肚后,这世界立刻就变得美丽多了。

一个黝黑而健壮的小伙子,刚刚下了他的大车走进来,带着笑跟几个伙伴打过招呼,就招呼这里的老板,叫道:"王聋子,给我打五斤酒,切十个卤蛋,今天我要请客。"

王聋子其实并不聋,只不过有人要欠账时,他就聋了。

他斜着白眼,瞧着那小伙子,冷冷地道:"你小子疯了?"

小伙子瞪眼道:"谁说我疯了?"

王聋子道:"没有疯好好的请什么客?"

小伙子道:"今天我发了点小财,遇见了个大方客人。"

他故作神秘地笑了笑,又道:"提起这个人来,倒真是大大的有名。"

于是大家立刻都忍不住抢着问:"这人是谁?"

小伙子又笑了笑,摇着头道:"我说出来,你们也未必听说过。"

"这是什么话?"

"既然大大的有名,我们为什么没听说过?"

"因为你们还不配。"

"我们不配,你配?"

"我若不是有个堂兄在镖局里做事,我也不会听说的。"

"你少卖关子好不好,那人到底是姓什么?叫什么?"

小伙子跷起了泥脚,悠然道:"他姓路,叫作路小佳。"

傅红雪本已站起来要走,突又坐了下去。

幸好别的人都没有注意他,都在问:"这路小佳是干什么的?"

"是个刺客。"

他故意压低了语声,但声音又刚好能让每个人都听得见。

"刺客?"

"刺客的意思就是说,你只要给他银子,他就替你杀人,据说他杀一个人至少也要上万两的银子。"

每个人都瞪大了眼睛,几乎连气都喘不过来了。

"我堂兄那家镖局的总镖头,就是被他杀了的。"

"你说的是上半年刚做过丧事的那位邓大爷?"

"不错,他出丧的那天,你们都去了,每个人都得了五两银子,是不是?"

"嗯,那天的气派真不小。"

"所以你们总该看得出,他活着时当然也是个很了不起的人,可是他遇见这位路大爷,连刀都没拔出来,就被人家一剑刺穿了喉咙。"

"你怎么知道的?"

"我堂兄在旁边亲眼看见的,就因为他一回去就把这位路大爷的样子告诉了我,所以今天我才认出了他——倒也不是认出了他的人,是认出了他的剑。"

"他的剑有什么特别?"

"他的剑没有鞘,看来就像是把破铜烂铁,但我堂兄却告诉我,他这一辈子从来也没有看见过这么可怕的剑了。"

大家惊叹着,却还是有点怀疑。

"人家杀个人就能赚上万两的银子,怎么会坐上你的破车?"

"他的马蹄铁磨穿了,我刚巧路过,从前面的清河镇到白云庄这点路,他就给了我二十两。"

"看来你这小子的造化真不错。"

大家惊讶着,叹息着,又都有点羡慕:"不吃白不吃,今天我们若不吃他个三五两银子,这小子回去怎么睡得着?"

突然一人道:"要请客也得请我。"

这人就躺在后面的树荫下,躺在地上,用一顶连边都破了的马连坡大草帽盖着脸。

他不但帽子是破的,衣服也又脏又破,看来连酒都喝不起,所以只有躺在那里干睡。

有的人已皱起眉头在嘀咕:"请你,凭什么请你?"

那小伙子却笑道:"四海之内皆兄弟,就请请你也没什么,朋友你既然要喝酒,就请起来吧。"

这人冷冷道:"我虽然喝你的酒,却不是你的朋友,你最好记着。"

他把帽子往头上一推,懒洋洋地站了起来,赫然竟是条身高八尺的彪形大汉,肩膀几乎有平常人两个宽,一双蒲扇般的大手垂下来，几乎已盖过了膝盖，脸上颧骨高耸，生着两道扫帚般的浓眉，一张大嘴。

他身上穿的衣服虽然又脏又破，但这一站起，可是威风凛凛，叫人看着害怕。

本来已经有人要教训他了，问他为什么要喝人家的酒，却不承认人家是朋友。

现在哪里还有人敢开口的。

王聋子刚把五斤酒、十个卤蛋搬出来，这人就走过去，道："这一份归我。"

他说的话好像就是命令，既简单，又干脆。只见他抓起两个蛋，往嘴里一塞，三口两口就吞了下去。吃两个蛋，喝一口酒，眨眼间五斤酒十个蛋就全下了肚。大家在旁边看着，眼珠子都快掉了下来。

他喝完最后一口酒，才总算停下来歇口气，懒洋洋地摸着肚子，道："照这样再来一份。"

王聋子又吓了一跳，失声道："再来一份？"

大汉沉下了脸，厉声道："我说的话你听不见？"

这一声大喝，就像是半空中打下个霹雳，连聋子的耳朵都要被震破。

那小伙子正跷着脚坐在旁边的凳子上，竟被他吓得跌了下去。大汉伸出蒲扇般的大手，像抓小鸡似的把他从地上抓了起来，忽然对他咧嘴一笑，道："你怕什么？怕请客？"

他不笑还好，这一笑起来，一张嘴几乎已裂到耳朵根子，看来就像是庙里的金刚恶鬼。

小伙子脸都吓白了,吃吃道:"我……我……"

大汉道:"你不请,我请。"

他随手一掏,就掏出锭银子来,竟是五十两一锭的大元宝。小伙子的眼睛又发了直。

大汉道:"这锭银子全是你的了,但明天一早,你就得在这里等着,载我去白云庄,你若敢误了我的事,你的脑袋就会变得像这锭银子一样。"

他的手一用力,手里的银子竟被捏得像团烂泥。

小伙子刚站起来,又吓得一跤跌倒。大汉仰面大笑,将银子往这小伙子面前一抛,头也不回地扬长而去。

他走得虽不快,但一步迈出去就是四五丈,眨眼间就已消失在暮色里,只听一阵悲壮苍凉的歌声自秋风中传来:

> 九月十五月当头,
> 月当头兮血可流。
> 流不尽的英雄泪,
> 杀不尽的仇人头……

歌声也愈来愈远,终于听不见了。

傅红雪痴痴地出了半晌神,忽然仰天长叹,道:"好一个杀不尽的仇人头!"

凌晨。东方刚现出鱼肚白色,大地犹在沉睡。茶亭里已没有人了,王聋子晚上并不睡在这里,现在这里只有那小伙子的大车还停在树下,他的人已蜷曲在车上睡着。

他生怕自己来迟了,那凶神般的大汉会将他脑袋捏成烂泥。

风很冷,大地苍茫,远处刚传来一两声鸡啼。

一个人慢慢地从熹微的晓色中走过来,左脚先迈出一步,右腿再跟着拖上去。

一个苗条美丽的女人,手里提着个包袱,垂着头跟在他身后。

风吹着木叶,晨雾刚升起。

雾也是冷的。


冷雾,晓风,残月。

傅红雪在茶亭上停下来,回头看着翠浓。

翠浓的脸也是苍白的,虽然拉紧了衣襟,还是冷得不停发抖。

在雾中看来,她显得更美,但神色间却已显得有些疲倦、憔悴。

傅红雪静静地看着她,冷漠的目光已渐渐变得温柔,忍不住轻轻叹息了一声,道:"你累了。"

翠浓柔声道:"累的应该是你,你本该多睡一会儿的。"

傅红雪道:"我睡不着,可是你……"

翠浓垂下头嫣然一笑,道:"你睡不着,我怎么能睡得着?"

傅红雪忍不住走过去,拉住了她的手。

她的手冰冷。

傅红雪黯然道:"还没有找到马空群之前,我绝不能回去,也没有脸回去。"

翠浓道:"我知道。"

傅红雪道:"所以我只有要你陪着我吃苦。"

翠浓抬起头,凝视着他,柔声道:"你应该知道我不怕吃苦,什么苦我都吃过。"

她拉起傅红雪的手,贴在自己脸上,轻轻道:"只要你能对我好一点,不要看不起我,就算叫我死,我也愿意。"

傅红雪又长长叹息了一声,道:"我实在对你不好,我自己也知道,所以那天你就算真的走了,我也不会怪你的。"

翠浓道:"可是我怎么会走?就算你用鞭子来赶我,我也不会走的。"

傅红雪忽然笑了。

他的笑容就像是冰上的阳光,显得分外灿烂,分外辉煌。

翠浓看着他的笑容,竟似有些痴了,过了很久,才叹息着道:"你知道我最喜欢的是什么?"

傅红雪摇摇头。

翠浓道:"我最喜欢看到你的笑,但你却偏偏总是不肯笑。"

傅红雪柔声道:"我会常常笑给你看的,只不过,现在……"

翠浓道："现在还不到笑的时候？"

傅红雪慢慢地点了点头，忽然改变话题，道："那个人为什么还不来？"

他仿佛总不愿将自己的情感表露得太多，仿佛宁愿被人看成个冷酷的人。

翠浓失望地叹了口气，勉强笑道："你放心，我想他绝不会不来的。"

傅红雪沉吟着，道："你看他是个怎么样的人？"

翠浓道："我看他一定是路小佳的仇人，既然已知道路小佳在白云庄，他怎么会不去？"

傅红雪抬起头，遥望着已将在冷雾中逐渐消失的晓月喃喃道："今天已经是九月十五了，今天究竟会发生些什么事？……"

有风吹过，突听一阵歌声隐隐随风而来：

> 流不尽的英雄血，
> 杀不尽的仇人头。
> 头可断，血可流，
> 仇恨难罢休……

歌声在这愁煞人的秋晨中听来，显得更苍凉，更悲壮。

翠浓动容道："果然来了。"

傅红雪道："嗯。"

翠浓道："我们要不要先躲一躲？"

傅红雪冷冷道:"我从来不逃,也从来不躲。"

只听远处有人大笑,道:"好一个从来不逃,从来不躲,这才是真正的男子汉。"

翠浓叹了口气,苦笑道:"这人的耳朵好尖。"

这句话刚说完,那大汉已迈着大步,走到他们面前,头上还是戴着那顶破旧的大草帽,手里却多了个漆黑发亮的酒葫芦,看着傅红雪大笑道:"果然是你,我就知道你一定也会在这里等的。"

傅红雪道:"你知道?"

大汉道:"我不知道谁知道?"

他扬起脸,将酒葫芦凑上嘴,"咕嘟咕嘟"地喝了几大口,忽然沉下了脸,厉声道:"我既已来了,你为何还不动手?"

傅红雪怔了怔,道:"我为什么要动手?"

大汉道:"来取我项上的人头。"

傅红雪道:"我为什么要取你项上的人头?"

大汉仰天笑道:"薛果纵横天下,杀人无算,有谁不想要我这颗大好头颅?"

傅红雪道:"我不想。"

这次是大汉怔住。

傅红雪道:"我根本不认得你。"

大汉冷笑道:"薛果仇家虽遍布天下,认得我的却早已被我杀光了,还能活着来杀我的,本就已只剩下些不认得的。"

傅红雪道:"你常常等着别人来杀你?"

大汉道:"不错。"

傅红雪淡淡道:"只可惜这次你却要失望了。"

大汉皱眉道:"你不是在这里等杀我的?"

傅红雪道:"我已立誓杀人绝不再等。"

大汉道:"你说的不错,杀人的机会本就是稍纵即逝,错过了实在可惜,实在是等不得的!"

傅红雪冷冷道:"所以你若是我的仇人,我昨夜就已杀了你!"

大汉道:"所以我并不是你的仇人?"

傅红雪道:"不是。"

大汉忽又大笑,道:"看来我运气还不错,看来做你的仇人并不是件愉快的事。"

傅红雪道:"绝不是。"

大汉道:"做你的朋友呢?"

傅红雪道:"我没有朋友。"

大汉道:"连薛大汉也做不了你的朋友?"

傅红雪道:"薛大汉?"

大汉笑道:"我就是薛大汉。"

傅红雪道:"我还是不认得你。"

薛大汉道:"你也不想认得我?"

傅红雪道:"不想。"

薛大汉又叹了口气,喃喃道:"既不想要我人头,也不想做我朋友,这种人倒少见得很。"

傅红雪道:"本来就少见得很。"

薛大汉道:"你想要什么?"

傅红雪道："只想跟着你的大车，到白云庄去。"

薛大汉道："就这样？"

傅红雪道："就这样。"

薛大汉道："好，上车吧。"

傅红雪道："我不上车。"

薛大汉又怔了怔，道："为什么又不上车了？"

傅红雪道："因为我没有五十两银子付车钱。"

薛大汉道："你难道要跟在车子后面走？"

傅红雪道："你坐你的车，我走我的路，我们本就没有关系。"

薛大汉看着他，看着他苍白的脸、漆黑的刀，又忍不住叹道："你真是个怪人，简直比我还怪！"

他的确也是个怪人。


天渐渐亮了。

初升的阳光，就像是刀一样，划破了轻纱般的冷雾，大地上的生命已开始苏醒了。

那小伙子还没有醒。

薛大汉大步走过去，一把抓起了他，大声道："快起来，赶车到白云庄去。"

小伙子揉着惺忪的睡眼，赔着笑道："大爷就请上车。"

薛大汉道："大爷不上车。"

小伙子怔了怔，道："为什么不上车？"

薛大汉道："因为大爷高兴。"

这小伙子年纪虽轻，赶车也赶了六七年，却还没有见过这样的人。明明花了钱雇车，却情愿跟在车子后面走。但只要是人家大爷高兴，他就算要在后面爬，也没有人管得着。

小伙子心里虽奇怪，倒也落得个轻松。他赶着车在前面走，后面居然有三个人在跟着——一个凶神般的大汉，一个脸色苍白的跛子，一个风姿绰约的美女。

这样一行人走在路上，有谁能不多看几眼的。

但薛大汉洋洋自得，别人对他是什么看法，他完全不放在心上。

傅红雪心事重重，我行我素，仿佛根本就不属于这世界的。翠浓眼睛里更没有别的人，在傅红雪面前，她根本连看都不看别人一眼。

赶车的小伙子心里又不禁嘀咕，他实在想不通这三个人为什么要到白云庄去。白云庄本来根本不是他们这种人去的地方。

薛大汉喝了几大口酒，忽然用力赶上大车，道："我们又不是赶去奔丧的，你慢点行不行？"

小伙子赔笑道："行，当然行。"

雇车的不急，他当然更不急。

薛大汉自己也放慢了脚步，道："白云庄又不远，反正今天一定可以赶到的。"

他这句话显然是说给傅红雪听的，傅红雪却像是没听见。

薛大汉已落在他身旁，又问道："却不知你到白云庄去干什么？"

傅红雪还是听不见。

薛大汉道："你认得袁秋云？"

傅红雪终于忍不住问道："袁秋云是谁？"

薛大汉道："就是白云庄的庄主。"

傅红雪道："不认得。"

薛大汉笑了笑，道："你连薛大汉都不认得，当然是不会认得袁秋云的了。"

傅红雪道："你认得他？"

薛大汉道："我怎么会认得那种老古董。"

傅红雪沉默了半晌，忽然又问道："你只认得路小佳？"

薛大汉动容道："你怎么知道我认得他？"

他忽又摇了摇头，叹息着道："你当然知道，无论谁都应该看得出，我是去找他的。"

傅红雪道："找他干什么？"

薛大汉冷笑道："也不干什么，只不过想把他的脑袋切下来，一脚踢到阴沟里去。"

傅红雪道："他是你的仇人？"

薛大汉道："本来不是。"

他又喝了两口酒，道："本来他是我的朋友。"

傅红雪道："朋友？"

薛大汉咬着牙，道："朋友有时比仇人还可怕，更可怕，尤其是像他这样的朋友。"

傅红雪道:"你上过他的当?"

薛大汉恨恨道:"我把全副家当都交付于他,把我最喜欢的女人也交给了他,但他却溜了,带着我的全副家当和我的女人溜了。"

傅红雪皱了皱眉,道:"看来他倒不像是个这么样的人。"

薛大汉沉声道:"就因为他不像,所以我才会信任他。"

傅红雪又沉默了半晌,淡淡道:"朋友有时的确比仇人还可怕。"

薛大汉道:"你从来都没有朋友?"

傅红雪道:"没有。"

薛大汉叹了口气,又一大口一大口地喝起酒来。

过了很久,傅红雪忽然又道:"你本来不必陪我走的。"

薛大汉道:"的确不必,本来我们可以一起坐在车上。"

傅红雪也不说话了。

又走了段路,薛大汉忽然把酒葫芦递过去,道:"喝口酒?"

傅红雪道:"不喝。"

薛大汉道:"你从来都不喝酒?"

傅红雪道:"从来不喝。"

薛大汉道:"赌钱呢?"

傅红雪道:"从来不赌。"

薛大汉道:"你喜欢干什么?"

傅红雪道:"什么都不喜欢。"

薛大汉叹道:"一个人若是什么都不喜欢,活着还有什么乐趣?"

傅红雪道:"我本不是为了有趣而活着的。"

薛大汉道:"你活着是为了什么?"

傅红雪紧握着他的刀,一字字道:"为了复仇。"

薛大汉看着他苍白的脸,心里竟也忍不住升起一股寒意,苦笑着道:"看来做你的仇人,的确不是件愉快的事。"

傅红雪垂下头,看着自己手里的刀,又不说话了。

薛大汉目光闪动,试探着问道:"你是不是也认得路小佳?"

傅红雪道:"我只见过他。"

薛大汉道:"怎么会见到的?"

傅红雪道:"他想来杀我。"

薛大汉动容道:"后来呢?"

傅红雪淡淡道:"后来他就走了。"

薛大汉道:"你就让他走?"

傅红雪道:"我并不想杀他……我想杀的只有一个人。"

薛大汉道:"你的仇人?"

傅红雪点点头。

薛大汉道:"你的仇人只有一个?"

傅红雪道:"现在我只知道一个。"

薛大汉叹了口气,道:"你的运气比我好。"

傅红雪忽然也长叹了一口气,道:"其实你的运气比我好。"

薛大汉道:"为什么?"

傅红雪道:"若有杀不尽的仇人可杀,倒也是人生一快,只可惜我……"

他目中露出痛苦之色,黯然道:"只可惜我连那一个仇人都找不到。"

薛大汉道:"你那仇人是谁?"

傅红雪道:"你不必知道。"

薛大汉目光闪动,道:"但是我却说不定可以帮你找到他。"

傅红雪沉吟着,终于道:"他姓马,马空群。"

薛大汉悚容道:"万马堂的主人?"

傅红雪也悚然动容,道:"你认得他!"

薛大汉摇摇头,没有回答这句话,却喃喃道:"这就难怪你要到白云庄去了!"

傅红雪道:"白云庄和万马堂又有什么关系?"

薛大汉道:"本来是没有的。"

傅红雪道:"现在呢?"

薛大汉道:"你难道真不知道今天是什么日子?"

傅红雪道:"我怎么会知道?"

薛大汉道:"你也没有接到帖子?"

傅红雪道:"谁发的帖子?"

薛大汉道:"当然是白云庄,今天就是他们少庄主大喜的日子。"

傅红雪道:"我也不认得他。"

薛大汉道:"但新娘子你却一定认得的。"

傅红雪道:"新娘子是谁?"

薛大汉说道:"就是马空群的女儿,听说叫作马芳铃。"

傅红雪的脸色变了。

薛大汉沉吟着,道:"所以马空群今天想必也会到白云庄去。"

这句话还没有说完,傅红雪已纵身跃上了马车。

他轻功一施展出来,行动就突然变得箭一般迅速,绝没有人再能看得出他是个跛子。

薛大汉看着他,目中带着深思之色,过了半晌,才叹息着道:"果然是好身手!"

这时傅红雪却已蹿上了马车的前座,夺过了那小伙子的马鞭,"唰"的一鞭往马腹上抽了下去。

马车已绝尘而去,竟将薛大汉和翠浓抛在后面。

翠浓垂下头,眼泪似已忍不住要夺眶而出。

薛大汉忽然对她笑了笑,道:"你放心,我不会让他甩下你的。"

语声中他已迈开大步追上去,只五六步就已追上了马车,一伸手,拉住了车辕。

拉车的马一声长嘶,人立而起,车马竟硬生生被他拉住了,再也没法子往前走半步。

薛大汉又回头向翠浓笑了笑,道:"请上车。"

翠浓终于抬起头,轻轻道:"那女人不该抛下你跟路小佳走的,你是个君子。"

薛大汉叹了口气,苦笑道:"只可惜这年头君子在女人面前已不吃香了。"

# 第二十九章

## 蛇蝎美人

天大亮,阳光普照。
今天已是九月十五。
九月十五。
乌兔太阳申时。
大吉。
忌嫁娶。
忌安葬。
冲龙煞北。
晴。

艳阳天。
大地清新,阳光灿烂。路上不时有鲜衣怒马的少年经过,打马赶向白云山庄。
拉车的马当然不会是快马,但现在它的确已尽了它的力了。傅红雪已将马鞭交回给那小伙子,坐到后面来,手里紧紧握着他的刀。
这双手本就不适于赶车的。

"你为何不留些力气,等着对付马空群!"

傅红雪紧紧地闭着嘴,脸色又苍白得接近透明。

翠浓坐在他身旁,看着他,目中充满了忧郁之色,却又不知是为谁忧虑。

薛大汉一大口一大口地喝着酒,喃喃道:"我只希望路小佳和马空群都在那里……"

傅红雪突然道:"那么你就该少喝些酒。"

薛大汉皱眉道:"为什么?"

傅红雪冷冷道:"醉鬼是杀不死人的,尤其杀不死路小佳那种人。"

薛大汉冷笑道:"难道要杀人前只能吃花生?"

傅红雪道:"花生至少比酒好。"

薛大汉道:"哪点比酒好?"

傅红雪道:"哪点比酒都好。"

嘴里有东西嚼着的时候,的确可以令人的神情松弛,而且花生本就是件很有营养的东西,可以补充人的体力。

薛大汉刚瞪起眼睛,像是想发脾气,却又叹了口气,苦笑道:"看来我们都应该吃点花生才是,我们好像都太紧张了。"

赶车的小伙子忽然回过头来,笑说道:"现在咱们已经走上往白云庄的大道了,从这里已经可以看到白云庄。"

薛大汉立刻忍不住伸长了脖子去瞧。

大道上黄尘滚滚,山色却是青翠的,翠绿色的山坡上,一排排青灰色的屋顶在太阳下闪着光。

薛大汉皱着眉，道："看来这白云庄的规模倒真不小。"

赶车的小伙子笑道："袁家本是这里的首户，提起袁家的大少爷来，在这周围八百里的人有谁不知道的呢？"

薛大汉又瞪起眼，厉声道："大爷我就不知道他是什么东西！"

赶车的小伙子一看见他瞪眼，早已吓得转回头，再也不敢开腔了。

马车已渐渐走入了山路，两旁浓荫夹道，人迹却已渐少。

该来的人，此刻想必都已到了白云庄。

"马空群是不是真的会在那里？"

傅红雪握刀的手背上已凸出青筋，若不是如此用力，这双手只怕已在发抖。

翠浓悄悄地握住了他的手，柔声道："他若在这里，就跑不了的，你何必着急？"

傅红雪好像根本没听见她在说什么，只是瞪大了眼睛，看着自己手里的刀。

刀鞘漆黑，刀柄漆黑。

薛大汉也正在看着这柄刀。

这本来是柄很普通的刀，但是被握在傅红雪苍白的手里时，刀的本身就似已带着一种神秘的、符咒般的魔力。

无论谁看着这柄刀就像是已被魔神诅咒过的。

薛大汉轻轻叹了口气，忽然道："你能不能让我看看你的刀？"

傅红雪道:"不能。"

薛大汉道:"为什么?"

傅红雪道:"没有人看过我的刀!"

薛大汉道:"我若一定要看呢?"

傅红雪冷冷道:"那就一定有人要死——不是你死,就是我死。"

薛大汉的脸色已有些变了,却笑了笑,道:"路小佳的剑就不怕被人看,他的剑根本就没有鞘。"

傅红雪道:"你随时都可以去看他的剑,但最好永远也不要想看我的刀。"

他目光忽然变得很遥远,一字字接着道:"这本来就是柄不祥的刀,看到它的人必遭横祸。"

薛大汉脸色又变了变,还想再问,但就在这时,马车忽然停下。

他转过头,就看见有样东西在太阳下闪着光,赫然竟是一粒花生。

剥了皮的花生。

花生落下,落在路小佳嘴里。

路小佳懒洋洋地站在路中央,他的剑也在太阳下闪着光。

薛大汉跳了起来,乌篷大车的顶,立刻被他撞得稀烂。

路小佳叹了口气,道:"幸好这辆车不结实,否则你的头岂非要被撞出个大洞?"

薛大汉厉声道:"你岂非就想我头上多个大洞。"

路小佳微笑道："仔细想一想，那倒也不坏，把酒往洞里倒，的确比用嘴喝方便些。"

薛大汉又跳起来，怒道："你还想在我面前说风凉话？你还敢来见我？"

路小佳道："为什么不敢？我本来就是在这里等你的。"

薛大汉怔了怔，道："你知道我要来？"

路小佳道："别人都在奇怪，你为什么不坐在车上，我却一点也不奇怪，就算你把车子扛在背上走，我都不会奇怪。"

他微笑着又道："你这个人本就是什么事都做得出的。"

薛大汉道："你呢？天下还有什么事是你做不出来的？"

路小佳道："笨蛋做的事，我就做不出。"

薛大汉冷笑道："你当然不是笨蛋，我才是笨蛋，我居然将你这种人当作朋友。"

路小佳道："我本来就是你的朋友。"

薛大汉厉声道："你是我的朋友？我交给你的八十万两银子呢？"

路小佳淡淡道："我花了。"

薛大汉大叫道："什么？你花了？"

路小佳道："我们既然是好朋友，朋友本就有通财之义，你的银子我为什么不能花？"

薛大汉怔了怔道："你……你怎么花的？"

路小佳道:"全送了人。"

薛大汉道:"送给了谁?"

路小佳道:"一大半送给了黄河的灾民,一小半送给了那些老公被你杀死了的孤儿寡妇。"

他不让薛大汉开口,又抢着道:"你的银子来路本不正,我却替你正大光明地花了出去,你本该感激我才是。"

薛大汉怔住了,怔了半天,突又大声道:"我的女人你难道也送给了别人?"

路小佳道:"那倒没有。"

薛大汉道:"她的人呢?"

路小佳道:"我已杀了她。"

薛大汉又跳起来,大叫道:"什么,你杀了她?"

路小佳淡淡道:"我杀人又不是什么稀奇的事,你何必大惊小怪?"

薛大汉道:"你……你为什么要杀她?"

路小佳道:"因为她想偷人。"

薛大汉怒道:"她偷的男人是谁?"

路小佳道:"我。"

薛大汉又怔住。

路小佳道:"她虽然想偷我,却没有偷着,但我既不能保证别的男人都像我一样,也不能保证她不去偷别人,所以只好杀了她。我只有用这种法子才能让你不戴绿帽子。"

薛大汉道:"你难道不能用别的法子?"

路小佳冷冷地答道:"别的法子我不会,我只会杀人。"

薛大汉怔在那里,又怔了半天,忽然仰面大笑,道:"好,杀得好。"

路小佳道:"本来就杀得好。"

薛大汉道:"你杀人好像总是杀得大快人心。"

路小佳道:"我花钱也花得痛快。"

薛大汉大笑道:"花得真痛快,痛快极了,连我都有点佩服你了。"

路小佳道:"我早就知道你会佩服我的。"

薛大汉道:"这酒还不错,来两口吧。"

路小佳道:"这花生也不错,正下酒。"

两人大笑着,你勾起了我的肩,我握紧了你的手。

赶车的小伙子已经在旁边看得连眼睛都直了,他还真没有看见过这样的人,这样的朋友。

薛大汉忽又问道:"可是你为什么不等我回去就走了呢?"

路小佳道:"我赶着去杀别人。"

薛大汉道:"杀谁?"

路小佳笑了笑,道:"就是那个刚才还在你车上的人。"

薛大汉道:"刚才?……"

他回过头,才发现刚才还在车上的傅红雪,竟已不见了,只剩下翠浓一个人坐在那里。

现在她却已不再低垂着头,正瞪大了眼睛,看着路小佳。

薛大汉皱眉道:"你那男人呢?"

翠浓咬着嘴唇,道:"他不是我的男人,因为他从来也没有把我当作他的女人,他简直从来没有把我当作人。"

薛大汉道:"也许你看错了他。"

翠浓道:"我没有……我从来不会看错任何一个男人的。"

她说话的时候,眼睛还是盯着路小佳,忽又冷笑道:"我现在总算也看出你是哪种男人了。"

路小佳淡淡道:"我是哪种男人?"

翠浓道:"是个没胆子的男人!"

路小佳笑了。

翠浓道:"你若还有一点胆量,为什么不敢娶马芳铃?"

路小佳道:"我为什么一定要娶她?"

翠浓道:"因为我知道她是跟着你走的。"

路小佳道:"你知道?"

翠浓道:"我看见她去追你的,也知道她一定追上了你。"

路小佳叹了口气,道:"你知道的事倒真不少。"

翠浓道:"只可惜她知道的事却太少,所以才会喜欢你。"

路小佳又笑了,道:"你以为她真的喜欢我?"

翠浓道:"她若不喜欢你,为什么要去追你?"

路小佳道："也许她只不过是为了要我替她杀人而已。"

翠浓道："男人为女人杀人，也并不是什么稀奇的事，你难道从来没有杀过人？"

路小佳道："你是不是也想要我去杀了傅红雪？"

翠浓道："你敢不敢去？"

路小佳冷笑！

翠浓道："就因为你不敢，所以就想法子将她送给了别人。"

路小佳道："你以为是我不要她的？"

翠浓道："她既然不顾一切去追你，又怎么会不要你？"

路小佳叹道："这其中当然还有个故事。"

翠浓道："什么故事？"

路小佳道："我带她到白云庄来，她看到了小袁，忽然发现小袁比我好，所以就爱上了小袁，把我一脚踢了出去。"

他叹了口气，苦笑道："这故事既不曲折，也不离奇，因为这事本就常常会发生的。"

翠浓道："你为什么要带她到白云庄来？"

路小佳道："这地方我本就常常来的。"

翠浓冷笑道："也许你只不过是为了要摆脱她，所以才故意带她来，故意替他们制造这个机会。"

路小佳道："哦？"

翠浓道："因为你本来就怕傅红雪，怕他的刀比你的剑快。"

路小佳道:"哦?"

翠浓道:"但现在你当然已用不着怕他了,因为他已绝不会再找你,现在你已跟万马堂的人完全没有关系。"

路小佳冷冷地说道:"我本来就跟他们完全没有关系。"

翠浓道:"但现在白云庄已跟万马堂结了亲。"

路小佳微笑道:"这门亲事岂非本来就是门当户对的?"

翠浓道:"而且他当然不会知道是你将马芳铃带来的。"

路小佳道:"他知道的事的确不多。"

翠浓道:"所以他一定会认为袁秋云也是他的仇人之一。"

路小佳道:"很可能。"

翠浓道:"所以他现在很可能已杀了袁秋云。"

路小佳道:"也很可能。"

翠浓道:"你一点也不关心?"

路小佳语气淡淡地道:"我为什么要关心?是他杀了袁秋云也好,是袁秋云杀了他也好,跟我又有什么关系?"

翠浓盯着他,道:"你关心的是什么?"

路小佳道:"我只关心我自己。"

他忽又笑了笑,道:"就跟你一样,你几时关心过别人?"

翠浓努着嘴唇,缓缓地道:"但我却实在是关心他的。"

路小佳道:"哦?"

翠浓道:"你不信?"

她美丽的眼睛里忽然涌出了晶莹的泪珠,凄然道:"你当然不信,有时连我自己都不信,我怎么会忽然变得关心他了。"

路小佳道:"你流泪的样子实在很好看,可惜我一向只喜欢会笑的女人,并不喜欢会哭的。"

翠浓咬着牙,突然从车上扑了过去,手里已多了柄尖刀,一刀刺向他的胸膛。

但她的手很快就被抓住。

路小佳微笑着,紧紧地捏住了她的手,悠然道:"你杀人本不该用刀的,像你这样的女人,杀人又何必用刀?"

"叮"的一声,刀落在地上。

翠浓忽然倒在他怀里,失声痛哭了起来。

她刚才还想杀了他,真的想杀了他,但现在却伏在他胸膛上,似已将整个人都交给他。

因为他比她强。女人一向只尊敬比自己强的男人。

薛大汉在旁边冷冷地看着,忽然笑了笑,道:"刚才她好像真的想杀了你。"

路小佳道:"本来就是真的。"

薛大汉道:"但现在……"

路小佳道:"现在她已知道杀不了我。"

薛大汉道:"所以她现在已准备让你宰了。"

路小佳道:"宰?"

薛大汉笑道:"你难道真不懂我说的这'宰'字是什么意思?"

路小佳当然懂。

每个男人都懂。

薛大汉道:"女人就是这样子的,她宰不了你,你就可以宰她。"

路小佳垂下头,看着怀中的翠浓。

翠浓显然已听见了他们所说的话,但却一点反应也没有,她的躯体柔软而温暖。

薛大汉道:"傅红雪还是个不懂风情的孩子,这女人看来却一定要我们这样的男人才能对付得了。"

路小佳冷冷道:"她本来就是个婊子。"

他忽然一把抓住了她的乳房,抓得很用力。

但翠浓还是一点反应也没有。

路小佳看着她,眼睛里忽然露出痛苦厌恶之色,又一把揪住她头发,重重的一个耳光掴了下去。

她苍白美丽的脸立刻被打出了个掌印,鲜红的血慢慢地从嘴角流了下来。

可是她眼睛里却发出了光,看着路小佳,忽然大笑道:"原来你是个……"

路小佳不让她这句话说完,又一掌掴在她脸上。

她的人立刻被打得滚在马车下,像一摊泥般倒在那里。

薛大汉长长叹了口气,道:"你不该打她的,你应该……"

路小佳道:"我应该杀了她。"

薛大汉道:"为什么?因为她偷人?但傅红雪又不是你的朋友,何况她本就是婊子。"

路小佳道:"婊子并不该杀,世上还有种比婊子更下贱的女人。"

薛大汉道:"哪种?"

路小佳道:"一种天生的婊子。"

薛大汉又笑了,道:"你难道希望天下所有的女人都是处女?"

路小佳脸色变了变,冷冷道:"我们又何必站在这里谈这种女人?"

薛大汉道:"我们应该到哪里去?"

路小佳道:"去看杀人。"

他神情忽然变得很兴奋,他一向觉得杀人比女人好看得多。

薛大汉道:"杀人?谁杀人?"

路小佳道:"除了傅红雪外,还有谁杀人值得我们去看?"

忽又笑了笑,道:"你一定也想看看傅红雪那柄刀究竟有多快的。"

薛大汉脸上忽然也露出种很奇怪的表情,微笑着道:"我只希望他莫要杀错了人。"

## 第三十章

## 护花剑客

路小佳和薛大汉都已走了,翠浓却还蜷伏在马车下,动也不动。

赶车的小伙子已被刚才的事吓得面无人色,又怔了半天,才蹲下身,从马车下拉出了翠浓。

他以为翠浓一定很气愤,很痛苦。

谁知她却在笑。

她的脸虽然已被打青了,嘴角虽然在流着血,但眼睛里却充满了兴奋之意。

挨了揍的人,居然还笑得出。

小伙子怔住。

翠浓忽然道:"你知不知道他为什么要打我?"

小伙子摇摇头。

翠浓道:"因为他在对自己生气。"

小伙子更不懂,忍不住问道:"为什么要对自己生气?"

翠浓道:"他恨自己不是个男人,我虽然是个女人,他却只能看着我。"

小伙子还不懂。

翠浓笑道:"我现在才知道,他只不过是条蚯蚓而已。"

小伙子道:"蚯蚓?"

翠浓道:"你没有看见过蚯蚓?"

小伙子道:"我当然看见过。"

翠浓道:"蚯蚓是什么样子?"

小伙子道:"软软的,黏黏的……"

翠浓眨着眼,道:"是不是硬不起来的?"

小伙子道:"一辈子也硬不起来。"

翠浓嫣然道:"这就对了,所以他就是条蚯蚓,在女人面前,一辈子也硬不起来。"

小伙子终于懂了。

"她天生就是个婊子。"

想到别人对她的批评,看着她丰满的胸膛、美丽的脸……

他的心忽然跳了起来,跳得好快,忽然鼓起勇气,吃吃道:"我……我不是蚯蚓。"

翠浓又笑了。

她笑的时候,眼睛里反而露出种悲伤痛苦之色,柔声道:"你看我是个怎么样的女人?"

小伙子看着她,脸涨得通红,道:"你……你……你是个很漂亮的女人。"

翠浓道:"还有呢?"

小伙子道:"而且……而且你很好,很好……"

他实在想不出什么赞美的话说,但"很好"这两个字却已足够。

翠浓道:"你会不会抛下我一个人走?"

小伙子立刻大声道:"当然不会,我又不是那种混蛋。"

翠浓道:"抛下我一个人走的男人就是混蛋?"

小伙子道:"不但是混蛋,而且是呆子。"

翠浓看着他,美丽的眼睛里忽然又有泪光涌出,过了很久,才慢慢地伸出手。

她的手纤秀柔白。小伙子看着她的手,似已看得痴了。

翠浓道:"快扶我上车去。"

小伙子道:"到……到哪里去?"

翠浓柔声说道:"随便到哪里去,只要是你带着我走。"

说完了这句话,她眼泪已流了下来。


"今天真是他们家办喜事?"

"当然是真的,否则他们为什么要请这么多的客人来?"

"但这些人脸上为什么连一点喜气都没有,就好像是来奔丧的?"

"这其中当然有缘故。"

"什么缘故?"

"这本来是个秘密,但现在已瞒不住了。"

"究竟为了什么?"

"该来的人,现在已经全都来了,只不过少了一个而已。"

"一个什么人?"

"一个最重要的人。"

"究竟是谁?"

"新郎官。"

"……"

"他前天到城里去吃人家的酒,本来早就该回来了,却偏偏直到现在还连人影都不见。"

"为什么?"

"没有人知道。"

"他的人呢?到哪里去了?"

"也没有人看见,自从那天之后,他这个人就忽然失踪了。"

"奇怪……"

"实在奇怪。"

看着喜宴中每个客人都板着脸,紧张得神经兮兮的样子,并不能算是件很有趣的事。

但叶开却觉得很有趣。

这无疑是种很难得的经验,像这样的喜宴并不多。

他留意地看着每个从他面前经过的人,他在猜,其中不知道有几个人是真的在为袁家担心。

有些人脸上的表情虽然很严肃,很忧郁,但却也许只不过是因为肚子饿了,急着要喝喜酒。

有些人也许在后悔,觉得这次的礼送得太多,太不值得。

叶开笑了。

丁灵琳坐在他旁边,悄悄道:"你不该笑的。"

叶开道:"为什么?"

丁灵琳道:"现在每个人都知道新郎官已失踪了,你再笑,岂非显得有点幸灾乐祸?"

叶开笑道:"不管怎么样,笑总比哭好,今天人家毕竟是在办喜事,不是出葬。"

丁灵琳嘟起了嘴,道:"你能不能少说几句缺德的话?"

叶开道:"不能。"

丁灵琳道:"不能?"

叶开笑道:"因为我若不说,你就要说了。"

丁灵琳也板起了脸,看来好像很生气的样子,其实心里却很愉快。

因为她觉得叶开的确是个与众不同的男人,而且没有失踪。


午时。

新郎官虽然还没有消息,但客人们总不能饿着肚子不吃饭。

喜宴已摆了上来,所以大家的精神显得振奋了些。

丁灵琳却皱起了眉,道:"我那些宝贝哥哥怎么还没有来?"

叶开道:"他们会来?"

丁灵琳道:"他们说要来的。"

叶开道:"你希望他们来?"

丁灵琳点点头,忍不住笑道:"我想看看路小佳看见他们时会有什么表情。"

叶开道:"路小佳若真的把他们全都杀了呢?"

丁灵琳又嘟起嘴,道:"你为什么总是看不起我们丁家的人?"

叶开笑了笑,说道:"因为你们丁家的人也看不起我。"

丁灵琳冷笑道:"马家的人看得起你,所以把儿子女儿都交托给了你。"

叶开忽然叹了口气,道:"早知道马芳铃会忽然成亲,我就该把小虎子也带来的。"

现在他已将小虎子寄在他的朋友家里。

他的朋友是开武场的,夫妇两个人就想要个儿子,一看见小虎子,就觉得很欢喜。

叶开有很多朋友,各式各样的朋友,做各种事的朋友。

他本来就是一个喜欢朋友的人,朋友们通常也很喜欢他。

丁灵琳瞪着他,忽然冷笑道:"你叹什么气?是不是因为马大小姐嫁给了别人,所以你心里难受。"

叶开淡淡道:"丁大小姐还没有嫁给别人,我难受什么？"

丁灵琳又忍不住笑了，悄悄道："你再不来我家求亲，总有一天，我也会嫁给别人的。"

叶开笑道："那我就……"

这句话只说了一半，因为这时他已看见了傅红雪。

傅红雪手里紧紧握住他的刀，慢慢地走入了这广阔的大厅。

大厅里拥挤着人群，但看他的神情，却仿佛还是走在荒野中一样。

他眼睛里根本没有别的人！

但别的人却都在看着他，每个人都觉得屋子里好像忽然冷了起来。

这脸色苍白的年轻人身上，竟仿佛带着种刀锋般的杀气。

叶开也感觉到了，皱着眉，轻轻道："他怎么也来了？"

丁灵琳道："说不定也是路小佳找来的？"

叶开道："他为什么要特地把我们找来？我本来就觉得奇怪。"

他语声又忽然停顿，因为这时傅红雪也看到了他，眼睛里仿佛结着层冰。

叶开微笑着站起来，他一直都将傅红雪当作他的朋友。

但傅红雪却很快地扭过头，再也不看他一眼，慢慢地穿过人丛,脸也仿佛结成了冰。

但他握刀的手,却似在轻轻颤抖着,虽然握得很紧,还是在轻轻颤抖着。

他走得虽然很慢,但呼吸却很急。

丁灵琳摇了摇头,叹道:"他看来更不像是来喝喜酒的!"

叶开道:"他本来就不是。"

丁灵琳道:"你想他是来干什么的?"

叶开道:"来杀人的!"

丁灵琳动容道:"杀谁?"

叶开道:"他既然到这里来,要杀的当然是这地方的人!"

他的声音缓慢,神色也很凝重。

丁灵琳从未看过他表情如此严重,忍不住又问道:"难道他要杀袁……"

叶开的表情更严肃,慢慢地点了点头。

丁灵琳道:"就在这里杀?现在就杀?"

叶开道:"他杀人已绝不会再等。"

丁灵琳道:"你不去拦阻他?"

叶开冷冷道:"他杀人也绝没有人能拦得住。"

他目光忽然也变得刀锋般锐利,只有心怀仇恨的人,目光才是这样子的。

丁灵琳此刻若是看到了他的眼睛,也许已不认得他了,因为他竟像是忽然变成了另外的一个人。

但丁灵琳却已在看着傅红雪的刀,轻轻地叹息,道:

"看来今天的喜事只怕真的要变成丧事了……"

苍白的脸,漆黑的刀。

这个人的心里也像是黑与白一样,充满了冲突和矛盾。

生命是什么?死亡又是什么?

也许他全部不懂。

他只懂得仇恨。

傅红雪慢慢地穿过人群,走过去。

大厅的尽头处挂着张很大的"喜"字,金色的字,鲜红的绸。

红是吉祥的,象征着喜气。

但血也是红的。

一个满头珠翠的妇人,手里捧着碗茶,本来和旁边的女伴窃窃私语。

她忽然看到了傅红雪。

她手里的茶碗就跌了下去。

傅红雪并没有看她,但手里紧握的刀已伸出。

看来他的动作并不太快,但掉下去的茶碗却偏偏恰巧落在他的刀鞘上。

碗里的茶连一滴都没有溅出来。

叶开叹了口气,道:"好快的刀。"

丁灵琳也叹了口气,道:"的确快。"

傅红雪慢慢地抬起手,将刀鞘上的茶碗又送到那妇人面前。

这妇人想笑，却笑不出，总算勉强说了一声："多谢。"

她伸出手，想去接这碗茶。

但她的手却实在抖得太厉害。

忽然间，旁边伸出一只手，接过那碗茶。

一只很稳定的手。

傅红雪看着这只手，终于抬起头，看到了这个人。

一个很体面的中年人，穿着很考究，须发虽已花白，看来却还是风度翩翩，很能吸引女人。

事实上，你很难判断他的年纪。

他的手也保养得很好，手指修长、干燥、有力。不但适于握刀剑，也适于发暗器。

傅红雪盯着他，忽然问道："你就是袁秋云？"

这人微笑着摇摇头，道："在下柳东来。"

傅红雪道："袁秋云呢？"

柳东来道："他很快就会出来的。"

傅红雪道："好，我等他。"

柳东来道："阁下找他有什么事？"

傅红雪拒绝回答。

他目光似已到了远方，他眼前似已不再有柳东来这个人存在。

柳东来居然也完全不放在心上，微笑着将手里的一碗茶送到那妇人面前，道："茶已有点凉了，我再去替你换一碗好不好？"

这妇人嫣然一笑,垂下头,轻轻道:"谢谢你。"

看到柳东来,她好像就立刻变得轻松多了。

丁灵琳也在看着柳东来,轻轻道:"这人就是'护花剑客'柳东来?"

叶开笑了笑,道:"也有人叫他夺命剑客。"

丁灵琳道,"他是不是袁秋云的大舅子?"

叶开点点头,道:"他们不但是亲戚,也是结拜兄弟。"

丁灵琳眼波流动,道:"听说他是个很会讨女人欢喜的人。"

叶开道:"哦?"

丁灵琳道:"我看他对女人实在很温柔有礼,你为什么不学学他?"

叶开淡淡道:"我实在应该学学他,听说他家里有十一房妾,外面的情人更不计其数。"

丁灵琳瞪起了眼,咬着嘴唇道:"你为什么不学学好的?"

她的脸忽然红了,因为她忽然发现大厅里只有他们两个人在说话,所以已有很多人扭过头来看她。

大家现在虽然还不知这脸色苍白的年轻人究竟是来干什么的,但却都已感觉到一种不祥的预兆,仿佛立刻就要有灾祸发生在这里。

就在这时,他们看见一个人从后面冲了出来,一个已穿上凤冠霞帔的女人。

新娘子马芳铃。

新郎官下落不明,新娘子却冲出了大厅,大家瞪大了眼睛,张大了嘴,几乎连气都已喘不过来。

马芳铃身上穿的衣服虽然是鲜红的,但脸色却苍白得可怕。

她一下子就冲到傅红雪面前,嘎声道:"是你,果然是你!"

傅红雪冷冷地看了她一眼,就好像从来没有见到这个人似的。

马芳铃瞪着他,眼睛也是红的,大声道:"袁青枫呢?"

傅红雪皱了皱眉,道:"袁青枫?"

马芳铃大声道:"你是不是已经杀了他?有人看见你们的……"

傅红雪终于明白,这地方的少庄主,今天的新郎官,原来就是那在长安市上的佩剑少年。

他也看见了彭烈。

彭烈也是这里的客人,这消息想必就是彭烈告诉他们的。

傅红雪淡淡道:"我本来的确可以杀了他。"

马芳铃的身子颤抖,突然大叫,道:"一定是你杀了他,否则他为什么还不回来,你……你……你为什么总要害我,你……"

她声音嘶哑,目中也流下泪来。

她衣袖里早已藏着柄短剑,突然冲过去,剑光闪电般向傅红雪刺下。

她的出手又狠又毒辣,只恨不得一剑就要傅红雪的命。

傅红雪冷冷看着她,刀鞘横出一击。

马芳铃已踉跄倒退了出去,弯下了腰不停地呕吐起来。

可是她手里还是紧紧地握着那柄剑。

傅红雪冷冷道:"我本来也可以杀了你的。"

马芳铃流着泪,喘息着,突又大喊,挥剑向他扑了过来。

她似已用了全身的力量。

但旁边有个人只轻轻一拉她衣袖,她全身力量就似已突然消失。

这是内家四两拨千斤,以力解力的功夫。

懂得这种功夫的人并不多,能将这种功夫运用得如此巧妙的人更少。

那至少要二三十年以上的功夫。

所以这人当然已是个老人,是个很有威仪的老人。

他穿着也极考究,态度却远比柳东来严肃有威,一双炯炯有神的眼睛,正瞪着傅红雪,厉声道:"你知不知道她是个女人?"

傅红雪闭着嘴。

老人目中带着怒色,道:"就算她不是我的媳妇,我也不能看你对一个女人如此无礼。"

傅红雪突然开口,道:"她是你的媳妇?"

老人道:"是的。"

傅红雪道:"你就是袁秋云?"

老人道:"正是。"

傅红雪道:"我没有杀你的儿子。"

袁秋云凝视着他,终于点了点头,道:"你看来并不像是个会说谎的人。"

傅红雪缓缓道:"但是我却可能要杀你!"

袁秋云怔了怔,突然大笑。

他平时很少这样大笑的,现在他如此大笑,只因为他心里忽然觉得有种无法形容的恐惧。

他大笑着道:"你说你可能要杀我?你竟敢在这里说这种话?"

傅红雪道:"我已说过,现在我只有一句话还要问你。"

袁秋云道:"你可以问。"

傅红雪握紧了他的刀,一字字问道:"十九年前,一个大雪之夜,你是不是也在落霞山下的梅花庵外?"

袁秋云的笑声突然停顿,目光中忽然露出恐惧之色,一张严肃有威的脸,也突然变得扭曲变形,失色道:"你是白……白大侠的什么人?"

他知道这件事!

这句话已足够说明一切。

傅红雪苍白的脸突然发红,身子突然发抖。

奇怪的是,他本来在发抖的一双手,此刻却变得出奇稳定。

他咬紧牙关,一字字道:"我就是他的儿子!"

他说完了这句话。

袁秋云也听了这句话,但这句话却已是他最后能听见的一句话了。

傅红雪的刀已出鞘!

他杀人已绝不再等!

刀光一闪。

闪电也没有他的刀光这么凌厉,这么可怕!

每个人都看到了这一闪刀光,但却没有人看见他的刀。

袁秋云也没有看见。

刀光只一闪,已刺入了他的胸膛。

所有的声音突然全都停顿,所有的动作也突然全都停顿。

然后袁秋云的喉咙里才突然发出一连串"咯咯"声,响个不停。

他瞪大了眼睛,看着傅红雪,眼睛里充满了惊讶、恐惧、悲哀和怀疑。

他不信傅红雪的刀竟如此快。

他更不信傅红雪会杀他!

傅红雪的脸又已变为苍白,苍白得几乎透明。

袁秋云看着他,忽然用力将自己的身子从他的刀上拔出。

于是他倒了下去。

鲜血雨点般溅出,落在他自己身上。

他眼珠渐渐凸出,忽然用尽全身力气大嘶:"那天我不在梅花庵外!"

这就是他说的最后一句话,但却不是傅红雪听到的最后一句话。

刀已入鞘,刀上还带着血。

他忽然听见一个人用比刀还冷的声音说:"你杀错人了!"

"你杀错人了!"

没有人出声,没有人动,甚至连惊呼和叹息都没有,每个人都已被这幕就在他们眼前发生的事情所震惊,震惊得几乎麻木。

"你杀错人了!"

傅红雪的耳朵里似也被震得"嗡嗡"地响。

这句话说的声音虽不大,但在他听来,却像是一声霹雳。

过了很久,他才慢慢转过身。

柳东来就站在他面前,那张永远带着微笑的脸,已变成死灰色!

他的眼睛看来却像是把刀,正像刀锋般在刮着傅红雪的脸,缓缓道:"那天晚上,他的确不在梅花庵外。"

傅红雪咬紧牙关,终于忍不住问:"你知道?"

"只有我知道。"

柳东来的脸也已扭曲,因痛苦和悲伤而扭曲,接着说道:"那天晚上,也正是他妻子因难产而死的时候,他一直都守在床边,没有离开过半步。"

这绝不是谎话。

傅红雪只觉得自己胸膛上仿佛也被人刺了一刀,全身都已冰冷。

柳东来道:"但他却知道那天晚上在梅花庵外的血战。"

傅红雪道:"他……他怎么会知道的?"

柳东来道:"因为有人将这秘密告诉了他。"

傅红雪道:"是谁告诉了他?"

柳东来道:"我!"

这一个字就像是一柄铁锤,又重重地击在傅红雪胸膛上。

柳东来充满痛苦和悲伤的眼睛里,又露出种说不出的讥嘲之色,道:"我才是那天晚上在梅花庵刺杀你父亲的人!"

他转过脸看着袁秋云的尸身,目中早已有泪将出,黯然接着道:"他不但是我的姻亲,也是我最好的朋友,我们从小就同生死、共患难,我们之间从无任何的秘密。"

傅红雪道:"所以你才将这秘密告诉了他?"

柳东来凄然道:"但我却从未想到我竟因此而害了他。"

他的话就像是尖针一样,在刺着傅红雪。

他接着道:"我将这秘密告诉他的时候,他还责备我,说我不该为了个女人,就去做这件事,那只因他还不知道我跟那女人的情感有多深。"

傅红雪颤声道:"你……你去行刺,只不过是为了个女人?"

柳东来道:"不错,是为了个女人,她叫作洁如,她本来是我的,但是白天羽却用他的权势和钱财,强占了她!"

傅红雪突然大吼,道:"你说谎!"

柳东来仰面狂笑,道:"我说谎?我为什么要说谎?你难道从未听说过你父亲是个怎么样的人?那么我可以告诉你,他是个……"

傅红雪的脸又已血红,身子又在剧烈地颤抖,忽然大吼拔刀!

雪亮的刀光,匹练般向柳东来刺过去,刀又入鞘。

柳东来前胸的衣襟却已裂开,鲜血像雨点般溅了出来。

但是他连动也没动,脸上还是带着那种狠毒讥诮的笑容。

傅红雪厉声道:"你敢再说一句这种无耻的谎话,我就要你慢慢地死。"

柳东来冷冷道:"袁老二已因我而死了,我本就没有准备再活下去,怎么死都一样。"

傅红雪道:"所以你才血口喷人,用这种话来侮辱他。"

柳东来道:"我随便你用什么法子都行,但你却一定要相信我说的是真话,每个字都是。"

他声音虽已因痛苦而颤抖嘶哑,但却还是动也不动地站在那里。

傅红雪却在发抖,突然转身,拔出了一个人的剑,抛给他。

柳东来接住。

傅红雪厉声道:"现在你手里已有剑了。"

柳东来道:"是的。"

傅红雪道:"你为什么还不动手,难道你只有在蒙着脸的时候才敢杀人?"

柳东来凝视着他手里握着的剑,喃喃道:"我的确该杀了你,免得你再杀错别人,但血已经流得太多了,太多了……"

他忽然挥手,手里的剑立刻洒出了一片光幕。

他的剑轻灵、巧妙。

他出手的部位奇特,剑招的变化奇诡而迅速。

护花剑客本是武林中最负盛名的几位剑客之一,他的声名并不是骗来的。

你可以骗得到财富,骗得到权力,但无论谁也骗不到武林中的名声。

那只有用血才能换来——用别人的血才能换来。

但这次他流的却是自己的血。

轻灵美妙的剑光刚洒出去,还很灿烂,很辉煌,但突然间就已消失。

刀已在他胸膛上。

他的脸已扭曲,但嘴角却还是带着那种讥诮恶毒的笑。

他还是在看着傅红雪,喘息着道:"果然是举世无双的快刀,只可惜无论多么快的刀,也改变不了事实的真相!"

说完了这句话他才倒下去。

他一定要说完这句话才能倒下去,才肯倒下去。

## 第三十一章

## 刻骨铭心

刀已入鞘。

刀上的血当然绝不会干的。

傅红雪慢慢地转过身,左脚先迈出去,右腿再慢慢地跟上去。

他身子还在发抖,正用尽全身力气,控制着自己。

"你说谎,你说的每个字都是谎话。"

他慢慢地走过人群,眼睛笔直地看着前面,他已没有勇气再去看地上的尸体,也没有勇气再去看别的人。

后面突然传来痛哭的声音。

是马芳铃在哭。

她痛哭,咒骂,将世界上所有恶毒的话全都骂了出来。

傅红雪却听不见,他整个人都已麻木。

没有人阻拦他,没有人敢阻拦他。

他的手还是紧紧地握着他的刀。

漆黑的刀!

外面的阳光却还是明亮灿烂的,他已走到阳光下。

马芳铃头发已披散，疯狂般嘶喊："你们难道不是袁秋云的朋友？你们难道就这样让凶手走出去？"

没有人回答，没有人动。

这仇根本是十九年前结下的，和这些人完全没有关系。

以牙还牙，以血还血，这本就是江湖中最古老的规律。

何况白天羽他在当年也实在死得太惨。

除了痛哭和咒骂外，马芳铃已完全没有别的法子。

但痛哭和咒骂是杀不死傅红雪的。

她忽然用力咬住了嘴唇，哭声就立刻停止。嘴唇虽已咬出了血，但她却拉直了衣服，将头上戴的凤冠重重地摔在地上，理了理凌乱的头发，挺起了胸，大步从吃惊的人群中走了出去。

走过叶开面前的时候，她又停下来，用那双已哭红的眼睛，瞪着叶开，忽然道："现在你总该满意了吧。"

叶开只有苦笑。

丁灵琳却忍不住道："他满意什么？"

马芳铃狠狠地瞪着她，冷冷道："你也用不着太得意，总有一天，他也会甩了你的。"

说完了这句话，她就头也不回地走了出去。

刚走到门口，就有个白发苍苍的老管家赶过来，在她面前跪下，道："现在老庄主已去世了，少庄主也下落不明，少奶奶你……你怎么能走？"

这老人满脸泪痕,声音已嘶哑。

马芳铃却连看都不看他一眼,仰起了脸,冷冷道:"我不是你们袁家的少奶奶,我根本还没有嫁到袁家来,从现在起,我跟你们袁家一点关系也没有。"

她大步走出院子,再也没有回头。

"从现在起,我再也不会踏入白云庄一步。"

秋风飒飒,秋意更浓了。

丁灵琳轻轻叹了口气,道:"想不到她竟是这么样一个无情的人。"

叶开也叹了口气,道:"无情本就是他们马家人的天性。"

丁灵琳用眼角瞟着他,道:"你们叶家的人呢?"

这句话刚说完,就听见身后有个人冷冷道:"他们叶家的人也差不多。"

丁灵琳还没有回头,叶开又叹了口气,道:"你大哥果然来了。"

一个人正施施然从后面走过来,羽衣星冠,白面微须,背后斜背着柄形式奇古的长剑,杏黄色的剑穗飘落在肩头。

他穿着虽然是道人打扮,但身上每一样东西都用得极考究,衣服的剪裁也极合身,一双保养极好的手上,戴着个色泽柔润的汉玉扳指,无论谁都看得出那一定是价值连城的古物。

他身材修长,儒雅俊秀,可以说是个少见的美男子,但神色间却显得很骄傲、很冷漠,能被他看上眼的人显然不多。

这正是江湖中的大名士,名公子,自号"无垢道人"的丁大少爷——丁云鹤。

丁灵琳已欢呼着迎上去,身上的铃铛"叮铃铃"地响个不停。

丁云鹤却皱起了眉,道:"你在外面还没有野够?还不想回家去?"

丁灵琳嘟起了嘴,道:"人家已经不是小孩子了,大哥怎么还是一见面就骂人?"

丁云鹤叹息着摇了摇头,皱着眉看了看叶开冷冷道:"想不到阁下居然还没有死。"

叶开微笑道:"托你的福,最近我吃也吃得下,睡也睡得着,看来一时还死不了。"

丁云鹤叹了口气,道:"好人不长命,祸害遗千年。这句话真不假。"

丁灵琳嘟着嘴,道:"大哥你为什么老是要咒他死呢?"

丁云鹤道:"因为他若死了,你也许就会安安分分地在家里待着了。"

丁灵琳眨了眨眼,道:"不错,他若死了,我一定就不会在外面乱跑了,因为那时我已进了棺材。"

丁云鹤沉下了脸,还未开口,丁灵琳忽又拉了拉他的衣袖,悄然道:"你看见门口那个人没有?那个腰带上插着柄剑的人。"

刚从门外走进来的人，正是路小佳。

丁云鹤又皱起了眉，道："你难道跟那种人也有来往？"

丁灵琳道："你知道他是谁？"

丁云鹤点了点头。

看到了那柄剑，江湖上还不知道他是谁的人并不多。

丁灵琳道："他说他要杀了你。"

丁云鹤道："哦？"

丁灵琳道："你难道就这样'哦'一声就算了？"

丁云鹤淡淡道："我现在还活着。"

丁灵琳眼珠子转了转，道："你难道不想跟他比比是谁的剑快？"

丁云鹤道："我的剑一向不快。"

内家剑法讲究的本是以慢制快，以静制动。能后发制人的，才算懂得内家剑法的真义。

丁灵琳叹了口气，用一双大眼睛狠狠地去瞪着路小佳。

路小佳却不睬她。

丁灵琳忽然大步走过去，道："喂。"

路小佳剥了个花生，抛起。

丁灵琳道："那边站着的就是我大哥，你看见了没有？"

路小佳正在看着那粒花生落下来。

丁灵琳道："你好像说过你要杀他的。"

花生已落入路小佳嘴里，他才淡淡地道："我说过么?"

丁灵琳道:"你现在为什么不过去动手?"

路小佳慢慢地嚼着花生,道:"巧得很,今天我刚巧不想杀人。"

丁灵琳道:"为什么?"

路小佳道:"今天死的人已够多了。"

丁灵琳眼珠子又一转,忽然笑道:"我明白了,原来你嘴巴说得虽凶,心里却是怕我们的。"

路小佳笑了。

他并没有否认,因为他的确对一个人有些畏惧。

但是他畏惧的人却绝不姓丁。


傅红雪站在那里,就站在路的中央,就站在他们马车刚才停下来的地方。就站在刚才和翠浓分手的地方。

白云庄的客人已散了。

只要有一个人先开始走,立刻就有十个人跟着走,一百个人跟着走。除非是真正肝胆相照、患难相共的朋友,谁也不愿意再留在那里。

这种朋友并不多,绝不多。

人群倒水般从白云庄里涌出来,有的骑着马,有的乘着车,也有的一面走路,一面还在窃窃私语,表示他们虽然走了,却并不是不够义气,只不过这种事实在不是他们能插手的。

无论哪种人,都远远地就避开了傅红雪,好像只要靠近了这个人,就会给自己带来灾祸。

但大家心里还是在奇怪:"这个人为什么还留在这里?"

傅红雪根本没有看见他们。

他眼睛里根本没有看见任何人、任何事。

对他说来,这世界已是空的,因为翠浓已经不在这里。

他本来以为她一定会在这里等他的。

他从来也没有想到她会走,就这样一个人悄悄地走了,甚至连一句话都没有留下来。

她怎么能这样对他?

虽然他刚才也是自己一个人走了的,但他是为了要去复仇。

他不愿她陪着他去冒险。

最重要的是,他绝不会真的把她一个人留在这里,他一定会回来找她的。

这些话他虽然没有说出来,但是她应该明白。

因为她应该了解他的。

有时他对她虽然很凶恶、很冷淡,甚至会无缘无故地对她发脾气。

但那也只不过因为他太爱她,太怕失去她。

所以有时他明知那些事早已过去,却还是会痛苦嫉妒。

只要一想起那些曾经跟她好过的男人,他的心里就会像针一样在刺着。

他觉得那些男人都不配,他觉得她本来应该是个高高至上的女神。

这些话他虽然没有说出来,但是她也应该明白的。

她应该知道他爱她,爱得有多么深。

可是她现在却走了,就这样一个人悄悄地走了,连一句话、一点消息都没有留下。

这是为什么?

她为什么会如此狠心?

风还是刚才一样的风,云还是刚才一样的云。

但是在他感觉中,这世界已变了,完全变了,变成了空的。

他手里紧紧握着他的刀,他的心仿佛也被人捏在手里,捏得很紧。

而且就在心的中间,还插着一根针。

一根尖锐、冰冷的针。

没有人能想象这种悲苦是多么深邃,多么可怕。

除了仇恨之外,他第一次了解到世上还有比仇恨更可怕的感情。

本来他想毁灭的,只不过是他的仇人。

但这种感情却使得他想毁灭自己,想毁灭这整个世界!

他从没有想到自己的错,因为他觉得自己根本没有错。

所以他更痛苦。

他从来没有想到,有句话是一定要说出来的,你若不说出来,别人怎么会知道?

这也许只因为他还不了解翠浓,不了解女人。

他还不懂得爱。

既不懂得应该怎么样被爱,也不懂得应该怎么样去爱别人。

但这种爱才是最真的!

你只有在真正爱上一个人的时候,才会有真正的痛苦。

这本来就是人类最大的悲哀之一。

但是只要你真正爱过,痛苦也是值得的!


夜。

群星在天上闪耀,秋树在风中摇曳。

秋月更明。

这还是昨夜一样的星,一样的月。

但昨夜的人呢?

星还在天上,月还在天上。

人在哪里?


三个月,他们已在一起共同度过了三个月,九十个白天,九十个晚上。

那虽然只不过像是一眨眼就过了,但现在想起来,那每一个白天,每一个晚上,甚至每一时、每一刻中,都不知有多少回忆。

有过痛苦,当然也有过快乐,有过烦闷,也有过甜蜜。

有多少次甜蜜的拥抱？多少次温柔的轻抚？

现在这一切难道已永远成了过去？

那种刻骨铭心、魂牵梦萦的情感，现在难道已必须忘记？

若是永远忘不了呢？

忘不了又能如何？

记得又如何？

人生，这是个什么样的人生？

傅红雪咬紧了牙，大步向前走出去，让秋风吹干脸上的泪痕。

因为他现在还不能死！

灯昏。

小酒铺里的昏灯，本就永远都带着种说不出的凄凉萧索。

酒也是浑浊的。

昏灯和浊酒，就在他面前。

他从未喝过酒，可是现在他想醉。

他并不相信醉了真的就能忘记一切，可是他想醉。

他本来只觉已能忍受各种痛苦，但现在忽然发觉这种痛苦竟是不能忍受的。

浑浊的酒，装在粗瓷碗里。

他已下定决心，要将这杯苦酒喝下去。

可是他还没有伸出手，旁边已有只手伸过来，拿起了这碗酒。

"你不能喝这种酒。"

手很大，又坚强而干燥，声音也同样是坚强而干燥的。

傅红雪没有抬头，他认得这只手，也认得这声音——薛大汉岂非也正是坚强而干燥的人，就像是个大核桃一样。

"为什么我不能喝？"

"因为这酒不配。"

薛大汉另一只手里正提着一大缸酒，他将这缸酒重重地放在桌上，拍碎了泥封，倒了两大碗。

他并没有再说什么，脸上的神色既不是同情，也不是怜悯。

他只是将自己面前的一碗给傅红雪。

傅红雪没有拒绝。

现在已连拒绝别人的心情都没有，他只想醉。

谁说酒是甜的？

又苦又辣的酒，就像是一股火焰，直冲下傅红雪的咽喉。

他咬着牙吞下去，勉强忍耐着，不咳嗽。

可是眼泪却已呛了出来。

薛大汉看看他，道："你以前从来没有喝过酒？"

没有回答。

薛大汉也没有再问，却又为他倒了一碗。

第二碗酒的滋味就好得多了。

第三碗酒喝下去的时候，傅红雪心里忽然起了种很奇异的感觉。

他从未有过这种感觉。

桌上的昏灯,仿佛已明亮了起来,他身子本来是僵硬的,是空的,但现在却忽然有了一种说不出的奇异活力。

连痛苦都已可偶尔忘记。

但痛苦还是在心里,刀也还是在心里!

薛大汉看着他的刀,忽然道:"杀错人并不是什么了不起的事。"

沉默。

薛大汉道:"江湖上的英雄好汉们,谁没有杀错过人?"

还是沉默。

薛大汉道:"不说别人,就说袁秋云自己,他这一生中,就不知杀错过多少人。"

傅红雪端起面前刚斟满的酒,又一口气灌了下去。

他知道薛大汉误会了他的痛苦。他更痛苦。

他刚杀了一个无辜的人,心里竟似已完全忘记了这件事,竟只记着一个女人。一个背弃了他的女人。

薛大汉又为他斟满了一碗酒,道:"所以,你根本不必将这件事放在心上的,我知道你是条好汉子,你……"

傅红雪忽然打断了他的话,大声道:"我不是条好汉子。"

薛大汉皱眉道:"谁说的?"

傅红雪道:"我说的。"

他又灌下这碗酒,重重地将酒碗摔在地上,咬着牙道:"我根本就不是个人。"

薛大汉笑了,道:"除了你自己之外,我保证别人绝不会这么想。"

傅红雪道:"那只因为别人根本不了解我。"

薛大汉凝视着他,道:"你呢?你自己真的能了解自己?"

傅红雪垂下头。

这句话正是他最不能回答的。

薛大汉道:"我们萍水相逢,当然也不敢说能了解你,但我却敢说,你不但是个人,而且是个很了不起的人,所以你千万不要为了任何事而自暴自弃。"

他的表情更严肃,声音更缓慢,接着道:"尤其是不要为了一个女人。"

傅红雪霍然抬起头。

他忽然发现薛大汉并没有说错他。

一个男人为了爱情而痛苦时,那种神情本就明显得好像青绿的树叶突然枯萎一样。

薛大汉道:"我还可以告诉你,她非但不值得你为她痛苦,根本就不值得你多看她一眼。"

傅红雪道:"你……你……你知道她……她的下落吗?"

他连声音都已紧张而发抖。

薛大汉点了点头,道:"我知道。"

傅红雪跳起来,道:"你……你说。"

薛大汉道:"我不能说。"

傅红雪道:"为什么?"

薛大汉看着他,目中也露出痛苦之色,将面前的酒也一口灌了下去,才勉强点了点头,道:"好,我说,她……她是跟一个人一起走的。"

傅红雪道:"跟谁走的?"

薛大汉道:"跟那个赶车的小伙子。"

这句话就像是一把刀,一刀刺入了傅红雪的胸膛。

他的痛苦已接近疯狂。

"你说谎!"

"我从不说谎。"

"你再说我就杀了你。"

"你可以杀了我,但我说的绝不是谎话。"

薛大汉的神情沉着而镇定,凝视着傅红雪:"你一定要相信我,一定要相信!"

傅红雪疯狂般瞪着他,紧紧握着他的刀。

刀并没有拔出来,泪却已流下。

他也已看出薛大汉说的并不是谎话。

薛大汉道:"其实你也不能怪她,她本就配不上你,你们若勉强在一起,只有痛苦……他们才是同一类的人。"

他们!这两个字也像是一把刀,又一刀刺入了傅红雪的心。

难道他心里最爱的女人,竟真的只不过是那么卑贱下流的人?

他倒了下去,忽然就倒了下去。

然后他的眼泪就像青山间的流水般流了出来。

他总算没有哭出声,可是这种无声的眼泪,却远比号啕痛哭还要伤心。

薛大汉没有劝他。

无论谁都知道这种眼泪是没有人能劝得住的。

他只是在旁边等着,看着,等了很久,直等到傅红雪心里的酒和悲哀都已化作眼泪流出,他才拉起了他:"走,我们换一个地方再去喝。"

傅红雪没有拒绝。

他似已完全丧失了拒绝的力量和尊严。

这地方不但有酒,还有女人。

据说酒若加上女人,就能使各种人将各种痛苦全都忘记。

傅红雪也许并没有忘记,可是他的确已麻木。

第二天醒来时,他的痛苦也许更深,但那里又有女人和酒在等着他。

看来薛大汉不但是个好朋友,而且是个好主人。

他供应一切。

他供应的傅红雪都接受。

一个人在真正痛苦时,非但已不再有拒绝的力量和尊严,也已不再有拒绝的勇气。

他一张开眼,就在等,等今天的第一杯酒。

喝完最后一杯,他就倒下去。

现在他所畏惧的事已只剩下一种——清醒。

没有清醒的时候，难道就真的没有痛苦？

麻木难道真的能使痛苦消失？

黄昏，还未到黄昏。

桂花的香气，从高墙内飘散出来。

长巷静寂。

青石板铺成的路，在秋日午后的太阳下，看来就像是一面铜镜。

长巷里只有四户人家。

城里最豪华的妓院和客栈，都在这条长巷里。

这条巷就叫安楼巷。

长巷的角落上，有一道月洞门，门外清荫遍地，门里浓香满院。

傅红雪推开了这扇门。

他刚穿过浓香夹道的小径。

那里不但有花香，还有脂粉香、女儿香。

他已在这里醉了六天。

这里有各种酒，各种女人——从十三岁到三十岁的女人。

她们都很美，而且都很懂得应该怎样去讨好男人。

"这些女人难道和翠浓有什么不同？我看她们随便哪一个都不比她差。"

这是薛大汉说的话。

傅红雪并没有争辩，可是他自己心里知道，没有任何人能代替她。

每个男人心里，都有个女人是其他无论任何人都无法代替的。

这也正是人类的悲哀之一。

现在他刚起来，今天的第一杯酒还没有喝下去。

屋子里还留着昨夜的旖旎残香，墙壁雪白，家具发亮，枣木架上的一盆秋菊开得正艳。

这地方就是城里最豪华精致的。

可是他忽然觉得这地方像是个樊笼。

他想出去走走。

他手里虽然还是握着他的刀，但已握得远不及昔日有力。

他脸色虽然仍是苍白的，但已不是那种透明般的苍白，已接近死灰。

酒是不是已腐蚀了他的尊严和勇气，也已腐蚀了他的力量？

这连他自己也能感觉得到。

他的头脑发胀，胃却是空的，除了酒之外，任何饮食都已对他没有吸引力。

他忽然又有了种新的恐惧。

所以他想走出这樊笼去。


长巷静寂，桂子飘香。

傅红雪推开了月洞门，一阵清凉的秋风正迎面吹过来。

他深深吸了口气，正准备迎着风走过去。

就在这时候，他看见了一个人。

翠浓！

经过了无数痛苦，无数折磨之后，他忽然看见了翠浓。

但翠浓并不是一个人。

她身边还有个小伙子，正是那赶车的小伙子。

现在无论谁也看不出他曾经是个赶车的，现在他身上穿的，至少是值二十两银子一件的长衫，正是城里最时髦的花花公子们穿的那种。

他腰带上挂着个翠绿的鼻烟壶，无边的软帽上还镶着粒大珍珠。

现在他走起路来，已能昂首阔步。

但他却是走在翠浓身后的，就正如翠浓永远都走在傅红雪身后一样。

翠浓只轻轻动了动嘴，他的耳朵就立刻凑上去。

因为他身上穿的、头上戴的，都是翠浓替他买来的，她已将他这个人买了去。

那也正是她永远无法从傅红雪身上得到的。

傅红雪的人突又僵硬麻木。

风吹在身上，突然似已变成热的，就像是从地狱中吹来的那么热。

他全身都似已燃烧。

刀也似已燃烧。

他手里还有刀，他可以冲过去，可以在一刹那间就杀了这个人。

但他却只是动也不动地站在那里。

因为他突然觉得一种无法形容的羞惭,竟不敢去面对他们。

应该羞惭的本是别人,可是他竟觉得没有脸去面对他们。

这是种什么样的心情,这是种多么可怕的痛苦。

除了他自己之外,又有谁能了解。

"算了,算了,算了……"

他想转过身,不再去看他们。

可是他全身都无法移动。

连眼睛都不能移动。

"算了,算了,算了……"

既然她果然是这种人,还有什么值得悲哀、痛苦的?

可是他的泪却似又将流下。

他眼看着他们走入了对面一家最大的客栈。

翠浓走在前面,那小伙子跟在身后。

还是无法移动。

也不知过了多久,他才感觉到有一双柔滑美丽的手伸过来,握着了他的手。

"你怎么站在这里发怔?薛大爷正在到处找你喝酒呢。"

对,喝酒。

他为什么不能喝酒?

他为什么要清醒着忍受这种屈辱和痛苦。

于是又再喝，再醉。

醉了又醒，醒了又醉。

尊严、勇气、力量，都已倾入樽中。

现在他已只剩下那把刀。

刀鞘漆黑，刀柄漆黑。

握刀的苍白的手，却似已有些颤抖。

现在他还没有喝他今天的第一杯酒。

一个笑窝很深，笑得很甜的少女，正为他们斟第一杯酒。

薛大汉在对面看着。

琥珀色的酒，盛在天青瓷杯中，已盛满。

傅红雪刚想端起这杯酒，他知道只要这杯酒喝下去，他的痛苦就会减轻。

他带着急切的渴望伸出了他的手。

可是薛大汉的手却已先伸过来，突然一掌打翻了这杯酒。

傅红雪怔住。

薛大汉脸上已没有以前那种充满豪爽友情的笑容，沉声道："你今天还想喝酒？"

傅红雪迟疑着，还是点了点头。

薛大汉沉着脸，道："你知不知道你已经喝了我多少酒？"

傅红雪不知道，他已记不清，算不清。

那笑窝很深的少女却甜笑着道："到今天为止，傅大少的酒账已经有三千四百两。"

薛大汉道："他付了多少？"

少女笑得更甜，道："一文也没有付。"

薛大汉冷笑，道："一文钱都没有付，凭什么还在这里喝酒？"

少女嫣然道："因为他是薛大爷的客人。"

薛大汉道："不错，他是我的客人，我可以请他一两次，但你总不能要我请他一辈子吧。"

少女吃吃笑道："当然，他又不是薛大爷的儿子，薛大爷凭什么要请他一辈子。"

薛大汉冷冷道："我以前请他，因为我觉得他还像是个英雄，谁知道他竟是个专吃白食的狗熊，连一点出息都没有。"

傅红雪全身又已因羞愤而发抖。

可是他只有忍受。

因为他自己也知道，别人的确没有理由请他喝一辈子酒。

他用力咬着牙，慢慢地站起来。

他左腿先迈步出去，右腿再慢慢地跟上去。

他走得更慢，因为他的腿似也有些麻木。

薛大汉突然道："你想走？"

傅红雪道："我……我已该走了。"

薛大汉道："你欠的酒账呢？"

傅红雪闭着嘴。

他无法回答，也无话可说。

薛大汉道:"前三天的账,我可以请你,但后面的十一天……"

那少女立刻接着道:"后面十一天的账是二千八百五十两。"

薛大汉道:"你听见没有,二千八百五十两,你不付清就想走?"

没有回答,还是无话可说。

薛大汉道:"你是不是没钱付账?好,留下你的刀来,我就放你走!"


"留下你的刀来!"

傅红雪耳畔仿佛响起了一声霹雳。

"留下你的刀来!"

傅红雪的人似已完全崩溃。

薛大汉脸上却带着种恶毒的狞笑,现在他才露出了他的真面目。

又不知过了多久,傅红雪才从他紧咬着的齿缝中吐出九个字:"谁也不能留下我的刀!"

薛大汉大笑。

"这句话如果是你以前说我也许还会相信,只不过现在……"

"现在怎么样?"

"现在你已不能说这句话,已不配说!"

傅红雪霍然回头,连眼睛都已变成血红,可是他总算看到了薛大汉的真面目。

薛大汉冷笑,道:"今天你若不留下这柄刀,只怕就得留下你的头!"

"留下你的头!"

原来薛大汉对傅红雪所做的一切事,就是为了等着说这句话。

原来这本就是个阴谋。

刀还在手里,傅红雪还是随时都可以拔出来。

可是他已完全丧失了那种一刀置人于死的自信,那么奇妙的自信。

因为他的勇气、尊严和自信,都已倾入酒中。

"拔你的刀!"

薛大汉已站起来,就像是个巨神般站了起来。

"难道现在你已不敢拔刀?"

他的声音中不但充满讥诮,而且充满自信。

因为他很了解傅红雪的武功,更了解傅红雪这些天来失去了些什么。

他已有把握。

这种把握正如傅红雪一刀刺入袁秋云胸膛时的把握一样!

他知道傅红雪只要一拔刀,就得死于刀下,也正如以前他只要一拔刀,别人就得死在他刀下的情况完全一样。

这是种多么可怕的变化。

这种变化是谁造成的?是怎么样造成的?

情是何物？

傅红雪没有拔刀。

他不能拔刀。

因为他的刀似已不在他的手里，而在他的心上！

他的心正在滴着血。

痛苦、悔恨、羞辱、愤怒。

这一切，全都是为了一个女人，为了一个跟那马车夫走入客栈中的女人。

"算了，算了，算了……"

拔刀又如何？

死又如何？

爱情和仇恨同时消灭，生命也同时消灭，岂非还落得个干净？

一个人若在如此痛苦和羞辱中还要活着，那无论为了什么原因也不值得。

他已决定拔刀！


黄昏。

秋云低垂，大地苍茫。

傅红雪已准备拔刀。

但这时忽然听见有人在笑。

是路小佳在笑。

不知道什么时候，他已出现在窗口，正伏在窗台上笑。

他的笑声中，仿佛永远都带着种无法形容的讥诮和嘲弄之意。

傅红雪的心沉了下去,他本来纵然还有一线希望,现在希望也已完全断绝。

路小佳带着笑,道:"美酒盈樽,美人如玉,你们难道就准备在这里拼命?"

薛大汉道:"杀人难道还要选地方?"

路小佳道:"当然要。"

他微笑着,又道:"我杀人比你们内行,我可以保证,这里绝不是杀人的地方。"

薛大汉道:"你要替我们选个地方?"

路小佳点点头,道:"这花园里就不错,你们无论从什么地方倒下去,我保证都一定倒在花下。"

## 第三十二章

## 小李飞刀

暮霭苍茫,花丛间仿佛笼上了一层轻纱。

但这美丽的庭园中,此刻却像是忽然充满了凄凉萧索之意。

路小佳一翻身,坐在窗台上,悠然道:"秋天的确是杀人的好天气,我一向喜欢在秋天杀人的。"

薛大汉道:"只可惜今天已用不着你动手。"

路小佳微笑道:"自己没有人可杀时,看着朋友杀人也不错。"

薛大汉道:"我保证你一定可以看得到。"

路小佳道:"我相信。"

他转过头,带着微笑,看看傅红雪,又道:"其实今天被杀的人本不该是你。"

傅红雪就站在花径尽头,听着。

路小佳道:"老薛的武功刚猛凌厉,虽然已是一流高手,但你的刀却似有种神秘的魔力,你本来可以杀了他的。"

沉默。

路小佳道:"可是现在已不同了,因为你对自己都已没有信心,你的刀又怎么会对你有信心?"

还是沉默。

路小佳道:"现在你已不相信你的刀,你的刀也已不再相信你,所以你已必将死在老薛手下。"

傅红雪握刀的掌心已沁出冷汗。

"看着你这么样一个人被别人杀死,实在是件很遗憾的事,但这也不能怪别人,只能怪你。"

他轻轻叹了口气,接着道:"一个人若想要报仇,就不能爱上任何女人;一个人若想在江湖中活得长久,也不能爱上任何女人。何况你爱上的只不过是个人尽可夫的婊子。"

傅红雪只觉得心又在后缩,忽然道:"一个人若想活得长久,话也不能说得太多。"

路小佳笑道:"这倒也是句老实话,今天我的话实在说得太多了。"

他捏碎粒花生,剥开,抛起,忽又笑道:"但你的话却说得太少。"

傅红雪道:"哦?"

路小佳已接住了花生,慢慢咀嚼,道:"你本该问问他,为何要杀你的。"

傅红雪道:"我不必问。"

路小佳道:"为什么?"

傅红雪道:"因为我已知道。"

路小佳道:"你知道什么?"

傅红雪目中露出痛苦之色,一字字道:"我知道他必定也是那天在梅花庵外的刺客之一。"

路小佳忽然大笑,道:"今年他还不到三十,那时他还是个孩子,你为何不算算他的年纪?"

傅红雪怔住。

路小佳道:"只不过你既然可以为你的父亲复仇,他当然也可以为他的父亲杀了你。"

傅红雪终于明白。

薛大汉虽不是白家的仇人,他父亲却无疑是的。

这一切阴谋,只不过是为了阻止傅红雪去杀他的父亲。

谁能说他做错了?

他用的方法也许不正当,但一个人若要阻止别人去杀他的父亲,无论用什么法子,都没有人能说他是不对的。

薛大汉一直没有开口,他已将全身真力全都运达四肢。

那巨大的身躯,看来似乎又已高大了些。

他用的兵器是柄五十三斤重的大铁斧,看来这一斧之力,连山石都难以抗拒。

傅红雪长长吸了口气,道:"好,现在你已不妨出手了。"

薛大汉冷冷道:"我让你先拔刀,还是一样可以杀你。"

突听一人大喊。

"你若要杀他,就得先杀了我。"

声音虽嘶哑,仍是动听的。

一个人从花径那头,急奔了过来,很少有人在奔跑时还能保持那种优美的风姿。

可是她梳理光洁的鬓发已凌乱,脸上的焦急和恐惧也不是装出来的。

一个小伙子在后面追来,想拉她。

"你何必管人家的事?"

可是他的话还没有说完,就被她翻身一掌捆倒在地上。

薛大汉和路小佳却很惊异,同时失声:"是你!"

他们实在想不到来的这女人竟是翠浓,更想不到这种女人竟肯为傅红雪死。

在这一瞬间,最惊讶、最痛苦,也最欢喜的,当然还是傅红雪。

没有人能了解他此刻的心情,也没有人能形容得出来。

翠浓已奔过来,挡在他面前。

薛大汉道:"你来干什么?"

翠浓道:"我不能看着他死。"

薛大汉冷笑,道:"你能保护他?"

翠浓道:"我不能,但我却能比他先死。"

薛大汉道:"你真的肯为他死?"

翠浓道:"否则我为何要来?"

薛大汉道:"那时你为何要走呢?"

翠浓道:"因为……因为那时我以为他讨厌我,看不起我,我以为他根本不想要我。"

她目中忽然涌出泪珠,接着道:"但现在我才知道,他是真心喜欢我的,以前他对我那种样子,只不过因为他天生的怪脾气。"

薛大汉冷笑。

翠浓流着泪,道:"现在我也明白,只要他是真心喜欢我,我也真心喜欢他,其他的事全不重要,何况……这些天来他过的是什么日子,我也知道。"

她用力咬住嘴唇,又道:"若不是为了我,就凭你们,又怎么敢这样子对他?"

薛大汉冷笑道:"你难道真要我杀了你?"

翠浓道:"当然是真的,他若因我而死了,难道我还能活得下去?"

薛大汉道:"很好,那么我就成全了你。"

突听傅红雪道:"等一等!"

薛大汉冷冷道:"难道你也要抢着先死?"

傅红雪不再回答,不再说话。

他已不必再说话,因为他的态度已说明了一切。

就在这一瞬间,他的人又完全变了。他的心本是紧紧收缩着的,就像是一团被人揉在掌心的纸。

一个人的心若已碎了,他纵然还有力量,也不愿再使出来,无法再使出来。人类所有的一切,本就是随着心情而变化的。酒并不能真的毁了他，真正毁了他的，是他内心的痛苦和绝望。

现在他的心已开展。他的态度忽然又变得充满了自信，因为他已知道他所爱的人并没有背叛他，他握刀的手又变得出奇的镇定。

薛大汉看着他，心里忽然生出种无法形容的恐惧，他也知道现在若不能杀了这个人，以后就永远不会再有机会。

他狂吼一声，冲了过去，五十三斤重的大铁斧，已化作了一阵狂飙。

花被震碎了，残花在斧风中飞起。然后风声突然停顿，残花慢慢地飘下来……

铁斧高举在那里，动也不动，薛大汉的人也动也不动地站在那里。

傅红雪的人已到了他面前，就站在铁斧下。他的刀却已刺入了薛大汉的心脏，只剩下一截漆黑的刀柄！

漆黑的刀柄还在手里，脸却是苍白的，苍白得透明。

薛大汉手里的大铁斧终于落下来，他眼珠已凸出，瞪着傅红雪，就像别的那些死在傅红雪刀下的人一样，眼睛里充满了怀疑和不信。

可是他现在已必须相信，这个人、这柄刀，的确有这种神秘的魔力。

傅红雪没有看他，只是看着手里的刀。

"锵"的一声，刀已入鞘。

薛大汉居然还没有倒下去，却忽然长长地吐出了口气,仿佛是悲哀,叹息。

"我本来想把你当作朋友的。"

这是他最后说的一句话。然后他就倒下去,倒在花下。

傅红雪还是没有看他,但也不知为了什么,冷漠的眼睛里竟也露出种悲伤的表情。

"我本来并不想杀你。"

这句话他并没有说出来,但有些话本就是不必说出口来的。

残花已落尽,有些花瓣,正落在薛大汉身上。

路小佳还是坐在那里,他也并没有去看他朋友的尸体,他在看着傅红雪手里的刀,一双冷漠的眼睛突然变得炽热了起来。

"好快的刀!"

没有回应。

路小佳忽然笑了,深沉地接着道:"只可惜还并不十分快。"

傅红雪还是没有回应,因为他自己心里也能感觉得到,他虽已杀了薛大汉,但那并不能表示他的刀已恢复到以前那么快。十三天来的痛苦折磨,就算铁打的人,也会受到损害。

路小佳的情况却似在巅峰中。

所以他笑得很愉快,也很残忍,缓缓道:"现在我们心里一定都明白一件事。"

傅红雪没有问。因为他的确知道路小佳这句话的意思!

"我若要杀你,今天就是我最好的机会,只有呆子才会错过这种机会。"

翠浓失声道:"你……你也想杀他?"

路小佳笑了笑,道:"你看我像是个呆子?"

他微笑着,剥开颗花生,抛起。

他的手干燥而镇定,但是他抛起的花生却忽然不见了。

花生突然被一种很奇怪的力量吸到后面去,落在一个人嘴里。

这人就坐在屋子里刚才傅红雪坐的地方,慢慢地咀嚼着花生,端起了酒杯。

傅红雪一回头就看见了他。

叶开!这阴魂不散的叶开!

叶开在微笑,微笑着喝下那杯酒。

路小佳忽然也笑了,道:"桌上还有菜,你何必抢我的花生下酒?"

叶开微笑道:"因为能吃到你花生的机会并不多,也只有呆子才会错过这种机会的。"

路小佳道:"你看来也不像是个呆子。"

叶开道:"所以我还活着。"

路小佳大笑。他的人突然随着笑声掠出，只一个翻身，就消失在苍茫的暮色里。

叶开又为自己倒了杯酒，喃喃道："看来这年头的呆子愈来愈少了。"

灯已燃起，是叶开自己燃起的。屋里已没有别的人，那笑窝很深的少女也已不见踪影。

灯燃起的时候，傅红雪就出现在门口，他看着叶开手里的酒，但现在酒已对他完全没有吸引力。

叶开自己喝下了这杯酒，微笑道："我不敬你，因为我知道你现在已不会再喝酒的。"

傅红雪盯着他。

叶开道："但你还是可以进来坐坐，这里……"

傅红雪忽然打断了他的话，道："是谁叫你来的？说！"

叶开道："我自己有脑子。"

傅红雪道："你为什么总是要来管我的事？"

叶开道："谁管了你的事了？"

傅红雪道："刚才你……"

叶开道："刚才我只不过吃了路小佳一颗花生而已，那难道也是你的事？"

傅红雪闭紧了嘴。

叶开忽然叹了口气，道："这年头的呆子虽愈来愈少，但一两个总还是有的。"

翠浓垂着头，慢慢地穿过花径。

夜色已笼罩大地。

她脸上的泪痕还没有干，眼睛里又有了泪光。然后她就听到了身后的脚步声，一种奇特、缓慢的脚步声。

她自己也走得很慢。

风在吹，秋星一粒粒升起，远处仿佛有人在吹笛。

秋夜的笛声，仿佛总是令人断肠的。

门就在前面，她已将走出门，但就在这时，她听到有人轻唤："你——"

傅红雪的眼睛在星光下看来就像是秋月下清澈的湖水。

翠浓停下来，转过身。

傅红雪凝视着她，道："你又要走？"

翠浓又点了点头，又摇了摇头。

傅红雪道："你为什么从不等我？"

翠浓垂下头，道："你……你几时要我等过你？"

这句话也像是一根针，一根尖锐但却并不是冰冷的针。

傅红雪突然冲过去，紧紧拥抱住她。

他抱得真紧，他的泪水涌出时，翠浓的哭声已响遍在这充满花香的秋风里。

"我以为你永远不会再要我了。"

"为什么？你为什么会这么想？"

"因为……因为你看见了我跟那个人……"

"那不能怪你。"

"……"

"你以为我看不起你,不要你了,所以才会去找别人。"

"你真的不恨我?"

"那本是我的错,我怎么能怪你。"

"可是我……"

"不管你怎么样,都已经是过去的事情了,我们为什么不能够将过去的事情忘记?"

"你真的能忘记我过去那些……"

"我只希望你也能忘记我过去对你的那些不讲理的事。"

翠浓笑了。她脸上的泪痕虽然还未干,可是她笑了,笑得那么温柔,那么甜蜜。

她甜笑着,在他耳畔低语。

"你真的是傅红雪?"

"当然是。"

"可是你为什么好像忽然变了个人呢?"

"因为我的确已变了。"

"怎么会变的?"

"……"

翠浓道:"你不肯告诉我?"

傅红雪终于轻轻叹息了一声。

"我也不知道我怎么会变的,我只知道离开了你十二天之后,再也不想离开你一刻了。"

翠浓紧紧拥抱住他，泪珠又一连串流下来。

但这已是幸福快乐的泪珠，这种泪珠远比珍珠还珍贵。

人，毕竟是人。就算他心上真的有一层冰，冰也有融化的时候。

爱的力量永远比仇恨伟大。有时仇恨看来虽然更尖锐，更深切，但只有爱的力量才是永恒不变的。

现在坐在窗台上的，是叶开。

风吹过的时候，他身后隐隐有铃声轻响。

他们看着傅红雪和翠浓穿过花径，走出去，消失在夜色间。

丁灵琳忽然轻轻叹了口气，道："看来他现在已渐渐变得像是个人了。"

她说的他，当然就是傅红雪。

现在无论叶开走到哪里，她就跟到哪里，刚才她没有出现，因为，她一直都在后面监视着这里的女孩子们。

她并不是怕别的，只不过不愿她们见到叶开，也不愿叶开见到她们。

连她自己都承认她是个很会吃醋的女人。

叶开道："你认为以前他不是个人？"

丁灵琳道："至少我没有看见过像他那样的人。"

这点叶开也不能不承认。

丁灵琳道："我也从来没有想到，他真的会为翠浓那么痛苦。"

叶开忽然笑了笑,道:"你认为他痛苦真的是为了她?"

丁灵琳道:"难道不是?"

叶开摇摇头。

丁灵琳道:"你认为他痛苦是为了什么?"

叶开道:"他一直认为自己比翠浓高尚,一直认为翠浓配不上他。"

丁灵琳道:"这倒一点也不假。"

叶开道:"所以等到翠浓离开他的时候,他才会感觉特别痛苦,因为他总认为翠浓应该像狗一样跟着他的。"

丁灵琳道:"你认为他痛苦只不过因为他的自尊受到了伤害?"

叶开道:"那当然也因为他觉得自己受了欺骗,无论是什么样的男人,被女人欺骗时都会觉得很痛苦的,就算他根本不爱那个女人,也同样痛苦。"

丁灵琳道:"你认为他根本不爱翠浓?"

叶开道:"我并不是这意思。"

丁灵琳道:"你是什么意思?"

叶开道:"我的意思是说,翠浓若不离开他,他总有一天也会离开翠浓,在那种情况下,他就绝不会痛苦了。"

丁灵琳道:"为什么?"

叶开道:"因为他跟别的人不同。"

丁灵琳道:"有什么不同?"

叶开道:"他是在仇恨中生长的,所以……"

丁灵琳道:"所以他就算真的爱翠浓,也还是忘不了他的仇恨!"

叶开道:"绝对忘不了。"

丁灵琳道:"看来你好像很了解他。"

叶开轻轻叹息了一声,道:"世上绝没有任何人比我更了解他。"

丁灵琳道:"为什么?"

叶开突然沉默。

丁灵琳道:"是不是因为你也跟他一样,是在仇恨中生长的?"

叶开沉默了很久,缓缓道:"也许是的,可是我跟他并不相同。"

丁灵琳道:"为什么?"

叶开目光凝视着远方的一颗明星,道:"因为我曾经遇到过一个人。"

丁灵琳道:"一个什么样的人?"

叶开道:"一个神奇的人,世上假如真的有神存在,他就是神。"

丁灵琳道:"就是他改变了你的一生?"

叶开点点头。

丁灵琳咬着嘴唇,也沉默了很久,才轻轻问道:"他是个男人,还是个女人?"

叶开笑了。

丁灵琳瞪起了眼,道:"一定是个女人,是个什么样的女人?"

叶开道："他若是女人，世上所有的人就全都是女人了。"

丁灵琳道："这是什么意思？"

叶开目中忽然露出一种说不出的崇敬之色，道："我看见过很多人，各式各样的人我都看过，但只有他，才配称得上是个真正的男子汉。"

丁灵琳也笑了。

叶开道："我从未看过比他更伟大的人。"

丁灵琳道："他一定很豪爽，很有义气。"

叶开道："又何止如此而已，就算将世上所有称赞别人的话，全都加到他身上，也不能形容他的伟大于万一。"

丁灵琳道："你佩服他？"

叶开道："又何止是佩服而已，他就算叫我立刻去死，我也愿意。"

他又叹息了一声，道："但他显然不会叫我去死的，他一向只会为了别人，牺牲自己。"

丁灵琳听得眼睛里也发出了光，道："他究竟是谁呢？"

叶开道："你应该听说过他的。"

丁灵琳道："哦？"

叶开道："他姓李……"

丁灵琳悚然道："莫非是小李探花？"

叶开笑道："我就知道你一定听说过他。"

丁灵琳眼睛里立刻也露出同样的尊敬之色，叹息着道:"我当然听说过他……世上又有谁没有听说过他的呢?"

叶开道:"他的所作所为,的确令人很难忘记。"

丁灵琳道:"尤其是他和上官金虹那一战,江湖上虽然没有人真的看见过,可是在传说中,那一战简直比神话还要神奇。"

叶开笑道:"我至少听五百个人谈起过那一战,每个人的说法居然都不同。"

丁灵琳笑道:"我也听过很多种说法,谁都坚持认为自己说的那一种才是正确的,谁都认为别人说的是谎话。"

叶开道:"但至少有一点,却是每个人都不能不承认的。"

丁灵琳道:"哪一点?"

叶开道:"小李飞刀,例不虚发!"

他眼睛焕发着光,接着道:"无论谁都不能不承认,到现在为止,普天之下,还没有人能避开他的那一刀的!"

丁灵琳的眼睛也在发着光,叹息着道:"只可惜他的那一刀已成绝响,我们是再也看不到的了。"

叶开道:"谁说的?"

丁灵琳道:"据说他杀了上官金虹后,就封刀退隐,再也不问江湖间的事。"

叶开笑笑。

丁灵琳道:"他若非退隐世外,江湖中为什么从此就听不见他的消息？"

叶开又笑笑。

丁灵琳道："你难道知道他的消息？"

叶开沉吟着，终于道："追查梅花盗，威震少林寺，决战上官金虹……那些只不过是他一生中的几件小事而已。"

丁灵琳道："那些事还是小事？"

叶开道："他破了金钱帮之后，在江湖中又不知做了多少惊天动地的事。"

丁灵琳道："真的？"

叶开道："我为什么要骗你？"

丁灵琳道："他又做了些什么事？"

叶开道："你若听到了那些事，我敢保证你一定会热血沸腾，晚上连觉都睡不着。"

丁灵琳道："这些惊天动地的大事，我为什么连一件都没有听到？"

叶开微笑道："虬髯客在海外威镇十国，自立为王，李靖都不知道，小李探花做的事，你一个小小的女孩子又怎会知道？"

他不让丁灵琳开口，接着又道："真正的大英雄大豪杰，做事一向是不愿被俗人知道的。"

丁灵琳撇了撇嘴，道："我是俗人，你呢？"

叶开笑道："我也是俗人，只不过我的运气比你好些。"

丁灵琳拉起了叶开的手，甜笑着道："你能不能将那些事说来给我听听？……我宁愿晚上不睡觉也要听。"

叶开道："等有空的时候，我说不定会讲给你听听的。"

丁灵琳笑得更甜，柔声道："那么现在你就说好不好？"

叶开道："现在我没空。"

丁灵琳道："先说一两件行不行？"

叶开道："不行。"

丁灵琳的嘴嘟起来了，重重地甩下他的手，道："人家一有事求你，你就摆起架子来了。"

叶开笑道："架子当然要摆的。"

丁灵琳嘟着嘴，道："凭什么？"

叶开道："就凭那些故事，无论谁知道那么精彩的故事，都有资格可以摆摆架子。"

丁灵琳眨着眼，道："真的那么精彩？"

叶开道："我保证你从未听过那样精彩、那么令人感动的事。"

丁灵琳的态度又软了，赔着笑道："那么我就让你摆摆架子，你要茶，我就去替你倒茶，你要喝酒，我就去替你倒酒，这样行不行？"

叶开道："还是不行。"

丁灵琳道："为什么？"

叶开道："因为我现在真的没空。"

丁灵琳道："你现在要干什么？"

叶开道："我要赶着到好汉庄去。"

丁灵琳道:"好汉庄?"

叶开道:"好汉庄就是薛家庄。"

丁灵琳道:"就是薛大汉的家?"

叶开道:"好汉庄的庄主,就是那薛大汉的老子薛斌。"

丁灵琳道:"你要赶去报凶讯?"

叶开道:"我不是乌鸦。"

丁灵琳道:"那你赶去干什么?"

叶开道:"我若猜的不错,傅红雪现在想必也在急着赶到那里去。"

丁灵琳道:"他去你就要去?"

叶开笑笑。

丁灵琳道:"你对他的事,为什么总是比对我还关心?"

叶开又笑笑。

丁灵琳盯着他道:"我总觉得你跟他好像有点很特别的关系,究竟是什么关系?"

叶开笑道:"你难道连他的醋也要吃?莫忘记他是个男人。"

丁灵琳道:"男人又怎么样?男人跟男人,有时候也会……"这句话没说完,她自己也笑了,红着脸笑了。

叶开却在沉思着,道:"想当年,薛斌也是条好汉,一百零八招开天辟地盘古神斧,也曾横扫过太行山,却不知现在怎么样了。"

丁灵琳道:"你难道生怕傅红雪不是他的对手,所以要赶去相助？"

叶开笑了笑，道："若连傅红雪的刀都不是他的敌手，我赶去又有什么用？"

丁灵琳凝视着他，道："你的功夫难道远不如傅红雪？"

叶开道："据我所知，他刀法很快，当今天下已没有人能比得上。"

丁灵琳道："可是我听到很多人说过，你也有柄很可怕的刀。"

叶开道："哦？"

丁灵琳道："而且是柄看不见的刀。"

叶开道："哦？"

丁灵琳道："你少装糊涂，我只问你，你的那柄刀，是不是小李飞刀的真传？"

叶开叹了口气，道："小李飞刀就是小李飞刀，除了小李探花自己的之外，就没有第二家。"

丁灵琳道："为什么？"

叶开道："因为那种刀本就是没有人能学得会的。知道了吧！"

丁灵琳道："你呢？"

叶开苦笑道："我若能学会他的一成，就已心满意足。"

丁灵琳嫣然道："想不到你居然也会变得这么谦虚起来了。"

叶开道："我本来就是个很谦虚的人。"

丁灵琳道:"只可惜有点不老实。"

叶开正色道:"所以你最好还是不要跟着我,我毛病若是来了,忽然把你强奸了也说不定。"

丁灵琳的脸又红了。她咬着嘴唇,用眼角瞟着叶开道:"你要是不敢,你就是个龟孙子。"

## 第三十三章

## 刀下亡魂

凌晨,秋寒满衾。

翠浓醒了,她醒得很早,可是她醒来的时候,已看不见她枕畔的人。

枕上还残留傅红雪的气息。可是他的人呢?

一种说不出的孤独和恐惧,忽然涌上翠浓的心,她的心沉了下去。

她还记得昨夜傅红雪说的话:"有些事你虽然不想做,但却非做不可。"

当然她也承认。无论谁在这一生中,至少都做过一两件他本不愿做的事。

现在她终于明白傅红雪这句话的意思。

"我不想走的,但是我不能不走。"

风吹着窗纸,苍白得就像是她的脸。

风真冷。

她痴痴地听着窗外的风声,她并没有流泪,可是她全身却已冰冷。

乳白色的晨雾刚刚从秋草间升起,草上还带着昨夜的露珠,一条黄泥小径蜿蜒从田陌间穿出去。傅红雪走在小径上,手里紧紧握着他的刀,左腿先迈出一步,右腿再跟着慢慢地拖过去。

漆黑的刀,苍白的脸。

"我不想走的,可是我不能不走!"

他也并没有流泪,只不过心头有点酸酸的,又酸又苦又涩。

可是他的痛苦并不深,因为这次并不是翠浓离开了他,而是他主动离开了翠浓。

"……我只知道离开了你十二天之后,再也不想离开你片刻。"

对这句话,他并不觉得歉疚,因为当时说这句话的时候,他的确是真心的。

那时本是他最软弱的时候。一个人空虚软弱时,往往就会说出些连他自己也想不到自己会说出来的话。

当时他的确想她,感激她,需要她。因为她令他恢复了尊严和自信,令他觉得自己并不是个被遗弃了的人。

然后他的情感渐渐平静。

然后他就想起了各种事,想起了她的过去、她的职业、她的虚荣。

想起了她悄悄溜走的那一天,尤其令他忘不了的是,那赶车的小伙子搂着她走入客栈的情况。

那十三天,他们在做什么?是不是也在……

他拥抱着她光滑柔软的胴体时,忽然觉得一阵说不出的恶心。

"……那已是过去的事，我们为什么不能将过去的事一起忘记？"

现在他才知道，有些事是永远忘不了的，你愈想忘记它，它愈要闯到你的心底来。

那时他不禁又想起她一掌将那小伙子掴倒在地上的情况。

"以后说不定她还是会悄悄溜走的，因为她本就是个无情无义的人。"

忽然间，所有的爱全都变成了恨，他本来就是生长在仇恨中的。

"何况我本来就无法供养她，何况我要去做的事她本就不能跟着。

"我走了，反而对她好。

"现在她可以去找别人了，去找比我更适合她的人，很快她就会将我忘记。

"过两年，她说不定真能将银子一车车运回去。"

一个人若要为自己找借口，那实在是件非常容易的事。

一个人要原谅自己更容易。

他已完全原谅了自己。翠浓若是永远不再回来，他也许会思念一生，痛苦一生，可是她现在已回来。

他情感的创伤，很快就收起了口，结起了疤，伤疤是硬的，硬而麻木。

"既然她迟早要走，我为什么不先走呢？"

秋意很深，秋色更浓。

远山是枯黄色的，秋林也是枯黄色，在青灰色的苍穹下，看来有种神秘而凄艳的美。

傅红雪慢慢地走过去。他走得虽慢，却绝不留下来，因为他知道秋林后就是好汉庄。

好汉庄就像它的主人一样，已在垂垂老矣。

墙上已现出鱼纹，连油漆都很难掩饰得住，风吹着窗棂时，不停地咯咯发响。

阳光从窗外照进来，正照在架上的铁斧上。

一柄六十三斤的大铁斧。

薛斌背负着双手，站在阳光下，凝视着这柄铁斧。

在他说来，这已不仅是柄斧头而已，而是曾经陪他出生入死，身经百战的伙计。三十年前，这柄铁斧陪他入过龙潭，闯过虎穴，横扫过太行山。现在这柄铁斧还是和三十年前一样，看来还是那么刚健，还是在闪闪地发着光。

可是铁斧的主人呢？

薛斌抬起手掩住嘴，轻轻地咳嗽着，阳光照在他身上，虽然还只不过是刚升起来的阳光，但在他感觉中，却好像是夕阳。

他自己却连夕阳无限好的时光都已过去，他的生命已到了深夜。


枣木桌上，有一卷纸，那正是他在城里的旧部，用飞鸽传来的书信。

现在他已知道他的朋友和儿子都已死在一个少年人的刀下，这少年人叫傅红雪。

薛斌当然知道这并不是他的真名实姓。他当然姓白。

白家的人用的刀，却是漆黑的——刀鞘漆黑，刀柄漆黑。

薛斌很了解那是柄什么样的刀。他曾亲眼看到过同样的一柄刀，在眨眼间连杀三位武林中的一流高手。

现在他身上还有一条刀疤，从喉头直穿脐下，若不是他特别侥幸，若不是对方力已将竭，这一刀已将他劈成两半。直到十几年后，他想起那时刀光劈下时的情况，手心还是会忍不住淌出冷汗。有时他在睡梦间都会被惊醒，梦见有人又拿着同样一柄漆黑的刀来找他，将他一刀劈成两半。

现在这人果然来了！

铁斧还在闪着光。

他挽起衣袖，紧握住斧柄，挥起。

昔年他也曾用这柄铁斧，劈杀太行巨盗达三十人之多，但现在这柄铁斧却似已重得多了，有时他甚至已不能将它使完那一百零八招。

他决心还要再试一试。

大厅中很宽阔，他挥舞铁斧，移身错步，刹那间，只见斧影满厅，风声虎虎，看来的确还有几分昔年横扫太行山的雄风威力。

可是他自己知道，他已力不从心了。使到第七十八招式，他已气喘如牛，这还只不过是他自己一个人在练，若是遇到强敌时，只怕连十招都很难。

他喘息，放下铁斧。

桌上有酒。他喘息着坐下来，为自己斟了满满一杯，仰起脖子喝下去。

他发现自己连酒量都已大不如前了，以前他可以连尽十觥，现在只不过喝了三大杯，就已酒意上涌，连脸都红了。

一个白发苍苍的老家人，佝偻着身子，慢慢地走了进来。

他幼时本是薛斌的书童，在薛家已近六十年。

少年时，他也是个精壮的小伙子，也舞得起三十斤重的铁斧，也杀过些绿林好汉。但现在，他不但背已驼，腰已弯，身上的肌肉已松弛，而且还得了气喘病，走几步路都会喘起来。

薛斌看见他，就好像看见自己一样。

"岁月无情，岁月为什么如此无情？"

薛斌在心里叹了口气，道："我吩咐你的事，已办妥了吗？"

其实他本不必问的，这老家人对他的忠心，他比谁都知道得更清楚。

老家人垂着手，道："庄丁、马夫，连后院的丫头和老妈子，一共是三十五个人，现在全都已打发走了，每个人都发了五百两银子，已足够他们做个小生意，过一辈子了。"

薛斌点点头,道:"很好。"

老家人道:"现在库里的现银还剩下一千五百三十两。"

薛斌道:"很好,你全都带走吧。"

老家人垂下头,道:"我……我不走。"

薛斌道:"为什么?"

老家人满是皱纹的脸上,并没有什么表情,只是深深道:"今年我已六十八了,我还能走到什么地方去?"

薛斌也不再说。他知道他们都一样已无路可走。

风吹着院子里的梧桐,天地间仿佛充满了剪不断的哀愁。

薛斌忽然道:"来,你也过来喝杯酒。"

老家人没有推辞,默默地走过来,先替他主人斟满一杯,再替自己倒了一杯。

他的手在抖。

薛斌看着他,目中充满了怜惜之色。也许他可怜的并不是这老家人,而是他自己。

"不错,我记得你今年的确已六十八岁,我们是同年的。"

老家人垂首道:"是。"

薛斌道:"我记得你到这里来的那一年,我才只八岁。"

老家人道:"是。"

薛斌仰面长叹,道:"六十年,一眨眼间,就是六十年了,日子过得真快。"

老家人道:"是。"

薛斌道:"你还记不记得你在这一生中,杀过多少人?"

老家人道:"总有二三十个。"

薛斌道:"玩过多少女人呢?"

老家人眼角的皱纹里,露出一丝笑意,道:"那就记不清了。"

薛斌也微笑着,道:"我知道前年你还把刚来的那小丫头开了,你别以为我不知道。"

老家人也不否认,微微笑道:"那小丫头本就不是什么好东西,但刚才还是偷偷地多给了她一百两银子。"

薛斌也笑道:"你对女人一向不小气,这点我也知道。"

老家人道:"这点我是跟老爷你学的。"

薛斌大笑,道:"我杀的人固然比你多,玩的女人也绝不比你少。"

老家人道:"当然。"

薛斌道:"所以我们可以算是都已经活够了。"

老家人道:"太够了。"

薛斌大笑道:"来,我们干杯。"

他们只喝了两杯。

第三杯酒刚斟满,他们已看见一个人慢慢地走入了院子。

苍白的脸,漆黑的刀。

梧桐并没有锁住浓秋。

傅红雪站在梧桐下,手里紧紧握着他的刀。

薛斌也在看着他,看着那柄漆黑的刀,神情居然很平静。

傅红雪忽然道:"你姓薛?"

薛斌点点头。

傅红雪道:"薛大汉是你的儿子?"

薛斌又点点头。

傅红雪道:"十九年前,那……"

薛斌忽然打断了他的话,道:"你不必再问了,你要找的人,就是我。"

傅红雪凝视着他,一字字道:"就是你?"

薛斌点点头,忽然长长叹息,道:"那天晚上的雪很大。"

傅红雪的瞳孔在收缩,道:"你……你还记得那天晚上的事?"

薛斌道:"当然记得,每件事都记得。"

傅红雪道:"你说。"

薛斌道:"那天晚上我到了梅花庵时,已经有很多人在那里了。"

傅红雪道:"都是些什么人?"

薛斌道:"我看不出,我们每个人都是蒙着脸的,彼此间谁也没有说话。"

傅红雪也没有说话。

薛斌道:"我相信他们也认不出我是谁,因为那时我带的兵器也不是这柄铁斧,而是柄鬼头大刀。"

傅红雪道:"说下去。"

薛斌道:"我们在雪地里等了很久,冷得要命,忽然听见有人说,人都到齐了。"

傅红雪道:"说话的人是马空群?"

薛斌道:"不是!马空群正在梅花庵里喝酒。"

傅红雪道:"说话的人是谁?他怎么知道一共有多少人要去?难道他也是主谋之一?"

薛斌笑了笑,笑得很神秘,道:"我就算知道,也绝不会告诉你。"

他很快地接着道:"又过了一阵子,白家的人就从梅花庵里走出来,一个个喝得醉醺醺的,看样子乐得很。"

傅红雪咬着牙,道:"是谁第一个动的手?"

薛斌道:"先动手的,是几个善使暗器的人,但他们并没有得手。"

傅红雪道:"然后呢?"

薛斌道:"然后大家就一起冲过去,马空群是第一个上来迎战的,但忽然间,他却反手给了白天羽一刀。"

傅红雪满面悲愤,咬着牙,一字字道:"他逃不了的。"

薛斌淡淡道:"他逃不逃得了,都跟我完全没有关系。"

傅红雪冷冷道:"你也休想逃。"

薛斌道:"我根本就没有逃走的意思,我本就是在这里等着你的！"

傅红雪道："你还有什么话说？"

薛斌道："只有一句。"

他举杯一饮而尽，接着道："那次我们做的事，虽然不够光明磊落，但现在若回到十九年前，我还是会同样再做一次的。"

傅红雪道："为什么？"

薛斌道："因为白天羽实在不是个东西。"

傅红雪苍白的脸突然血红，眼睛也已血红，嘶声道："你出来。"

薛斌道："我为什么要出来？"

傅红雪道："拿你的铁斧。"

薛斌道："那也用不着。"

他忽然笑了笑，笑得很奇特，微笑着看了看他的老家人，道："是时候了。"

老家人道："是时候了。"

薛斌道："你还有什么话说？"

老家人道："也只有一句。"

他忽然也笑了笑，一字字道："那白天羽实在不是个东西！"

这句话说完，傅红雪已燕子般掠进来。

但他已迟了。

薛斌和他的老家人都已倒下去，大笑着倒了下去。

他们胸膛上都已刺入了一柄刀。

一柄锋利的短刀。

刀柄握在他们自己的手里。

风吹着梧桐,风剪不断,愁也剪不断。

但仇恨却可以断的——剪不断,却砍得断。

薛斌用自己的刀,砍断了这段十九年的冤仇。

现在已没有人能再向他报复。

就连傅红雪也不能!

他只有看着,看着地上的两个死人,死人的脸上,仿佛还带着揶揄的微笑,仿佛还在对他说:"我们已活够了,你呢?你知不知道自己是为什么而活的?"

为了复仇?

这段仇恨是不是真的应该报复?

"那次我们做的事,虽然不够光明磊落,但现在若回到十九年前,我还是会同样再做一次!"

"洁如本来是我的,但是白天羽却用他的权威和钱财,强占了她。"

"我为什么要说谎?你难道从未听说过你父亲是个怎么样的人,那么我可以告诉你,他是个……"

"我也只有一句话要说,那白天羽实在不是个好东西!"

薛斌的话、柳东来的话、老家人的话,就像是汹涌的浪涛,一阵阵向他卷过来。

他们为什么要说这种话?

他们说的话为什么全都一样?

傅红雪拒绝相信。

他父亲在他心目中，本来是个神，他一向认为别人也将他父亲当作神。

但现在，他心里忽然有了种说不出的恐惧，因为现在就连他自己也开始怀疑。

"为什么会有那么多在武林中极有身份地位的人，都不惜将自己的身家性命孤注一掷，不顾一切地要去杀他？"

这问题有谁能回答？有谁能解释？

傅红雪自己不能。

他站在那里，看着地上的尸身，身子又开始不停地发抖。

风吹进来，吹起了死人头上的白发。

他们都已是垂暮的老人，他们做的事就算真的不可宽恕，也未必一定要杀了他们。

傅红雪对自己做的事是否正确，忽然也起了怀疑。

他本是为了复仇而生，为了复仇而活着的。

但现在他却已不知该怎么办了。

是不是应该再去追杀别的人？

还是应该饶恕了他们？

这仇恨若是根本不应该去报复，他活着还有什么意义？


死人的脸，已渐渐僵硬，脸上那种揶揄的笑容，变得更奇特诡秘。

他们的眼睛本是凸出来的，现在眼睛里竟突然流下泪来。死人绝不会流泪。

他们流的不是泪,是血!

他们的嘴角也在流血,七孔中都在流血,一种紫黑色的,闪动着惨绿碧光的血。

那也绝不像人类流出的血。

就连地狱中的恶鬼,流出的血都未必有如此诡秘,如此可怕。

这难道是他们在向傅红雪抗议?

傅红雪的手还是紧紧地握着刀,但他的掌心已沁出冷汗。

他忽然想冲出去,赶快离开这地方,愈快愈好。

可是他刚转过身,就看见了叶开。

这阴魂不散的叶开。

叶开也在看着地上的死人,脸上带着种很奇怪的表情。

丁灵琳远远地站在后面,连看都不敢往这里看。

她并不是从来没有看见死人,但却实在从来没有看见过这么可怕的死人。

傅红雪道:"你又来了。"

叶开点点头,道:"我又来了。"

傅红雪道:"你为什么总是要跟着我?"

叶开道:"这地方难道只有你一个人能来?"

傅红雪不说话了。

其实这次他并不是不愿意见到叶开。

因为他刚才见到叶开时,心里的孤独和恐惧就忽然减轻了很多。

也许他一直都不是真的不愿意见到叶开的，也许他每次见到叶开时，心里的孤独和恐惧都会减轻些。

可是他嘴里绝不说出来。

他不要朋友，更不要别人的同情和怜悯。

丁灵琳身上的铃铛又在"叮铃铃"地响，在这种时候、这种地方，这铃声听来非但毫不悦耳，而且实在很令人心烦。

傅红雪忍不住道："你身上为什么要挂这些铃？"

丁灵琳道："你身上也一样可以挂这么多铃的，我绝不管你。"

傅红雪又不说话了。

他说话，只因为他觉得太孤独，平时他本就不会说这句话。

现在他已无话可说。

所以他走了出去。

叶开忽然道："等一等。"

傅红雪平时也许不会停下来，但这次却停了下来，而且回过了身。

叶开道："这两人不是你杀的。"

傅红雪点点头。

叶开道："他们也不是自杀的。"

傅红雪道："不是？"

叶开道："绝不是！"

傅红雪觉得很惊异，因为他知道叶开并不是个会随便说话的人。

"可是我亲眼看见他们将刀刺入自己的胸膛。"

叶开道:"这两柄刀就算没有刺下去,他们也一样非死不可。"

傅红雪道:"为什么?"

叶开道:"因为他们早已中了毒。"

傅红雪悚然道:"酒里有毒?"

叶开点点头,沉声道:"一种很厉害,而且很奇特的毒。"

傅红雪道:"他们既已服毒,为什么还要再加上一刀?"

叶开缓慢地道:"因为他们自己并不知道自己已经中了毒。"

傅红雪道:"毒是别人下的?"

叶开道:"当然。"

傅红雪道:"是谁?"

叶开叹了一口气,说道:"这也正是我最想不通的事。"

傅红雪没有开口。

他知道连叶开都想不通的事,那么能想通这事的人,就不会太多了。

叶开道:"能在薛斌酒里下毒的人,当然对这里的情况很熟悉。"

傅红雪同意。

叶开道:"薛斌已经知道你要来找他,他已经抱了必死之心，所以才会先将家人全部遣散。"

傅红雪同意。

他在路上也遇见过被遣散了的好汉庄的壮丁。

叶开道："下毒的人既然对这里的情况很熟悉，当然知道薛斌是非死不可的。"

傅红雪同意，这道理本就是谁都想得通的。

叶开道："薛斌既已必死，他为什么还要在酒里下毒呢？"

这道理就说不通了。

傅红雪道："也许是薛斌自己下的毒。"

叶开道："不可能。"

傅红雪道："为什么？"

叶开道："他用不着多此一举。"

傅红雪道："也许他怕没有拔刀的机会！"

叶开道："要杀你，他当然没有拔刀的机会，可是一个人若要杀自己，那机会总是随时都有的。"

傅红雪不太同意，却也不能否定。

他可以不让薛斌有拔刀自尽的机会，但是他绝不会想到这一招。

叶开道："最重要的是，薛斌绝不会有这一种毒药的。"

傅红雪道："为什么？"

叶开道："他一向自命为好汉，生平从不用暗器，对使毒的人更是深恶痛绝，像他这种人，怎么肯用毒药毒死自己？"

他不让傅红雪开口,很快接着又道:"何况这种毒药本就是非常少有的,而且非常珍贵,因为它发作时虽可怕,但无论下在酒里水里,都完全无色无味,甚至连银器都试探不出。"

傅红雪道:"你认得出这种毒药?"

叶开笑了笑,道:"只要是世上有的毒药,我认不出的还很少。"

傅红雪道:"这种毒药是不是一定要用古玉才能试探得出?"

要试探毒药,大多用银器。

用古玉是极特殊的例外。

叶开道:"你居然也知道这法子?"

傅红雪冷冷道:"对毒药我知道得虽不多,但世上能毒死我的毒药却不多。"

叶开笑了,他知道傅红雪并不是吹牛。

白凤公主既然是魔教教主的女儿,当然是下毒的大行家。

她的儿子怎么可能被人毒死。

傅红雪也许不善用毒,也许没有看过被毒死的人,可是对分辨毒性的方法,他当然一定知道得很多。

只不过他懂得虽多,经验却太少。

傅红雪道:"你的判断是薛斌绝不会自己在酒里下毒?"

叶开道:"绝不会。"

傅红雪道:"别人既然知道他已必死,也不必在酒里下毒。"

叶开道："不错。"

傅红雪道："那么这毒是哪里来的呢?"

叶开道："我想来想去,只有一种可能——"

傅红雪在听着。

叶开道："下毒的人一定是怕他在你的面前说出某件秘密,所以想在你来之前,先毒死他。"

傅红雪道："可是我来的时候,他还没有死。"

叶开道："那也许因为你来得太快,也许因为他死得太慢。"

傅红雪道："在我来的时候,他已经至少喝了四五杯。"

叶开道："酒一端上来已下了毒,但薛斌却过了很久之后才开始喝,所以酒里的毒已渐渐沉淀。"

傅红雪道："所以他开始喝的那几杯酒里,毒性并不重?"

叶开道："不错。"

傅红雪道："所以我来的时候,他还活着。"

叶开道："不错。"

傅红雪道："所以他还跟我说了很多话。"

叶开点点头。

傅红雪接口道："可是他并没有说出任何人的秘密来。"

叶开道："你再想想。"

傅红雪慢慢地走出去,面对着满院凄凉的秋风。

风中的梧桐已老了。

傅红雪沉思着,缓缓道:"他告诉我,他们在梅花庵外等了很久,忽然有人说,人都到齐了。"

叶开的眼睛立刻发出了光,道:"他怎么知道人都到齐了?他怎么知道一共有多少人要来?这件事本来只有马空群知道。"

傅红雪点点头。

叶开道:"但马空群那时一定还在梅花庵里赏雪喝酒。"

傅红雪道:"薛斌也这么说。"

叶开道:"那么说这话的人是谁呢?"

傅红雪摇摇头。

叶开道:"薛斌没有告诉你?"

傅红雪的神色就好像这秋风中的梧桐一样萧索,缓缓道:"他说他就算知道,也绝不会告诉我。"

他的心情沉重,因为他又想起了薛斌说过的另一句话:"白天羽实在不是个东西。"

这句话他本不愿再想的,可是人类最大的痛苦,就是心里总是会想起一些不该想,也不愿去想的事。

叶开也在沉思着,道:"在酒中下毒的人,莫非就是那天在梅花庵外说'人都到齐了'的那个人?"

傅红雪没有回答,丁灵琳却忍不住道:"当然一定就是他。"

叶开道:"他知道薛斌已发现了他的秘密,生怕薛斌告诉傅红雪,所以就想先杀了薛斌灭口。"

丁灵琳叹了口气,道:"但他却看错了薛斌,薛斌竟是个很够义气的朋友。"

叶开道:"就因薛斌是他很熟的朋友,所以他虽然蒙着脸,薛斌还是听出了他的口音。"

丁灵琳道:"不错。"

叶开道:"那么他若自己到这里来了,薛斌就不会不知道。"

丁灵琳道:"也许他叫别人来替他下毒的。"

叶开沉吟道:"这种秘密的事,他能叫谁来替他做呢?"

丁灵琳道:"当然是他最信任的人。"

叶开道:"他若连薛斌这种朋友都不信任,还能信任谁?"

丁灵琳道:"夫妻、父子、兄弟,这种关系就都比朋友亲密得多。"

叶开叹息着,道:"只可惜现在薛家连一个人都没有了,我们连一点线索都问不出来。"

丁灵琳道:"薛家的人虽然已经走了,但却还没有死。"

叶开点了点头,走过去将壶中的残酒嗅了嗅,道:"这是窖藏的陈年好酒,而且是刚开坛的。"

丁灵琳嫣然道:"你用不着卖弄,我一向知道你对酒很有研究——对所有的坏事都很有研究。"

叶开苦笑道:"只可惜我却不知道薛家酒窖的管事是谁?"

丁灵琳道:"只要他还没有死,我们总有一天能找得出他来的,这根本不成问题。"

她凝视着叶开,慢慢地接着道:"问题是你为什么要对这件事如此关怀,这跟你又有什么关系?"

傅红雪霍然回头,瞪着叶开,道:"这件事跟你全无关系,我早就告诉过你,莫要多管我的闲事。"

叶开笑了笑,道:"我并不想管这件事,只不过觉得有点好奇而已。"

傅红雪冷笑。

他再也不看叶开一眼,冷笑着走出去。

丁灵琳忽然道:"等一等,我也有句话要问你。"

傅红雪还是继续往前走,走得很慢。

丁灵琳道:"她呢?"

傅红雪骤然停下了脚步,道:"她是谁?"

丁灵琳道:"就是那个总是低着头,跟在你后面的女孩子。"

傅红雪苍白的脸突然抽紧。

然后他就头也不回地走了出去。

# 第三十四章

## 神刀堂主

正午的日色竟暗得像黄昏一样。

丁灵琳看着傅红雪孤独的背影，忽然叹了口气，道："你说得不错，翠浓果然不该再回来找他的，现在他果然反而离开了翠浓。"

她摇着头，叹息着道："我本来以为他已渐渐变得像是个人，谁知道他还是跟以前一样，根本就不是个东西。"

叶开道："他的确不是东西，他是人。"

丁灵琳道："他假如有点人味，就不该离开那个可怜的女孩子。"

叶开道："就因为他是人，所以才非离开那女孩子不可。"

丁灵琳道："为什么？"

叶开道："因为他觉得自己受了委屈，心里的负担一定很重，再继续和翠浓生活下去，一定会更加痛苦。"

丁灵琳道："所以他宁愿别人痛苦。"

叶开叹了口气道："其实他自己心里也一样痛苦的，

可是他非走不可。"

丁灵琳道:"为什么?"

叶开道:"翠浓既然能离开他,他为什么不能离开翠浓?"

丁灵琳道:"因为……因为……"

叶开道:"是不是因为翠浓是个女人?"

丁灵琳道:"男人本来就不该欺负女人。"

叶开道:"但男人也一样是人。"

他又叹了口气,苦笑道:"女人最大的毛病就是总不把男人当作人,总认为女人让男人受罪是活该,男人让女人受罪就该死了。"

丁灵琳忍不住抿嘴一笑,道:"男人本来就是该死的。"

她忽然抱住了叶开,咬着他的耳朵,轻轻道:"天下的男人都死光了也没有关系,只要你一个人能活着就好。"


秋风萧索,人更孤独。

傅红雪慢慢地走着,他知道后面永远不会再有人低着头,跟着他了。这本不算什么,他本已习惯孤独。但现在也不知为了什么,他心里总觉得有些空空洞洞的,仿佛失落了什么在身后。

有时他甚至忍不住要回头去瞧一瞧,后面的路很长,他已独自走过了很长的路,可是前面的路更长,难道他要独自走下去?

"她的人呢?"

在这凄凉的秋风里,她在干什么?是一个人独自悄悄流泪?还是又找到了一个听话的小伙子?

傅红雪的心里又开始好像在被针刺着。

这次是他离开她的,他本不该再想她,本不该再痛苦。可是他偏偏会想,偏偏会痛苦。

是不是每个人都有种折磨自己的欲望,为什么他既折磨了别人,还要折磨自己?

现在他就算知道她在哪里,也是绝不会再去找她的了。

但他却还是一样要为她痛苦。这又是为了什么?

在没有人的时候,甚至连傅红雪有时也忍不住要流泪的。

可是他还没有流泪时,就已听见了别人的哭声。

是一个男人的哭声。哭的声音很大,很哀恸。

男人很少这么样哭的,只有刚死了丈夫的寡妇才会这样子哭。

傅红雪虽然并不是个喜欢多管闲事的人,却也不禁觉得很奇怪。

但他当然绝不会过去看,更不会过去问。

哭声就在前面一个并不十分浓密的树林里,他从树林外慢慢地走了过去。

哭的人还在哭,一面哭,一面还在断断续续地喃喃自语:"白大侠,你为什么要死?是谁害死了你?你为什么不给我一个报恩的机会?"

傅红雪突然停下了脚步,转过身。

一个穿着孝服的男人,跪在树林里,面前摆着张小桌子,桌子上摆着些纸人纸马,还有一柄纸刀。

用白纸糊成的刀,但刀柄却涂成了黑色。

这男人看来已过中年,身材却还保持着少年时候的瘦削矫健,鼻子和嘴的线条都很直,看来是个个性很强,很不容易哭的人。

但现在他却哭得很伤心。他将桌上的纸人纸马纸刀拿下,点起了火,眼睛里还在流着泪。

傅红雪已走过去,站在旁边,静静地看着。

这个人却在看着纸人纸马在火中焚化,流着泪倒了杯酒泼在火上,又倒了杯酒自己喝下去。喃喃道:"白大侠,我没有别的孝敬,只希望你在天之灵永不寂寞……"

这句话还没有说完,他已又失声痛哭起来。

等他哭完了,傅红雪才唤了一声:"喂。"

这人一惊,回过身,吃惊地看着傅红雪。

傅红雪道:"你在哭谁?"

这人迟疑着,终于道:"我哭的是一位顶天立地的男子汉,是一位绝代无双的大侠,只可惜你们这些少年人是不会知道他的。"

傅红雪的心已在跳,勉强控制着自己,道:"你为什么要哭他?"

这人道:"因为他是我的救命恩人,我这一生中,从未受过别人的恩惠,但他却救了我的命。"

傅红雪道："他怎么救你的？"

这人叹了口气，道："二十年前，我本是个镖师，保了一趟重镖经过这里。"

傅红雪道："就在这里？"

这人点点头，道："因为我保的镖太重，肩上的担子也太重，所以只想快点将这趟镖送到地头，竟忘了到好汉庄去向薛斌递帖子。"

傅红雪问道："难道来来往往的人，都要向他递帖子？"

这人道："经过这里的人，都要到好汉庄去递张帖子，拜见他，喝他一顿酒，拿他一点盘缠再上路，否则他就会认为别人看不起他。"

他目中露出愤怒之色，冷笑着又道："因为他是这里的一条好汉，所以谁也不敢得罪他。"

傅红雪道："但你却得罪了他。"

这人道："所以他就带着他那柄六十三斤的巨斧，来找我的麻烦了。"

傅红雪："他要你怎么样？"

这人道："他要我将镖车先留下，然后再去请我们镖局的镖主来，一起到好汉庄去磕头赔罪。"

傅红雪道："你不肯？"

这人叹道："磕头赔罪倒无妨，但这趟镖是要限期送到的，否则我们镖局的招牌就要被砸了。"

他忽然挺起胸，大声道："何况我赵大方当年也是条响当当的人物，我怎么能忍得下这口气。"

傅红雪道:"所以你们就交上了手?"

赵大方又叹了口气,道:"只可惜他那柄六十三斤重的宣花铁斧实在太霸道,我实在不是他的敌手,他盛怒之下,竟要将我立劈在斧下。"

他神情忽又兴奋起来,很快地接着道:"幸好就在这时,那位大侠客恰巧路过这里,一出手就拦住了他,问清了这件事,痛责了他一顿,叫他立刻放我上路。"

傅红雪道:"后来呢?"

赵大方道:"薛斌当然还有点不服气,还想动手,但他那柄六十三斤重的宣花铁斧,到了这位大侠客面前,竟变得像是纸扎的。"

傅红雪的心又在跳。

赵大方叹息着,道:"老实说,我这一辈子从来也没看见过像这位大侠客那么高的武功,也从来没有看见过那么慷慨好义的人物,只可惜……"

傅红雪道:"只可惜怎么样?"

赵大方黯然道,"只可惜这么样一位顶天立地的人物,后来竟被宵小所害,不明不白地死了。"

他目中已又有热泪盈眶,接着道:"只可惜我连他的墓碑在哪里都不知道,只有在每年的这一天,都到这里来祭奠祭奠他。想到他的往日雄风,想到他对我的好处,我就忍不住要大哭一场。"

傅红雪用力紧握双手,道:"他……他叫什么名字?"

赵大方凄然道:"他的名字我就算说出来,你们这些年轻人也不会知道。"

傅红雪道："你说！"

赵大方迟疑着，道："他姓白……"

傅红雪道："神刀堂白堂主？"

赵大方悚然道："你怎么知道他的？"

傅红雪没有回答，一双手握得更紧，道："他究竟是个怎么样的人？"

赵大方道："我刚才已说过，他是位顶天立地的奇男子，也是近百年来武林中最了不起的大英雄。"

傅红雪道："那是不是因为他救了你，你才这么说？"

赵大方真诚地道："就算他没有救我，我也要这么样说的，武林中人谁不知道神刀堂白堂主的侠名，谁不佩服他。"

傅红雪道："可是……"

赵大方抢着道："不佩服他的，一定是那些蛮横无理、作恶多端的强盗歹徒，因为白大侠嫉恶如仇，而且天生侠骨，若是见到了不平的事，他是一定忍不住要出手的。"

他接着又道："譬如说那薛斌就一定会恨他，一定会在背后说他的坏话，但……"

傅红雪一颗本已冰冷的心，忽然又热了起来。

赵大方下面所说的是什么，他已完全听不见了，他心里忽然又充满了复仇的欲望，甚至比以前还要强烈得多。

因为现在他终于明白他父亲是个怎么样的人。

现在他已确信,为了替他父亲复仇,无论牺牲什么都值得。

对那些刺杀他父亲,毁谤他父亲的人,他更痛恨,尤其是马空群。

他发誓一定要找到马空群!发誓一定绝不再饶过这可耻的凶手。

赵大方吃惊地看着他,猜不出这少年为什么会忽然变了。

傅红雪忽然道:"你可曾听过马空群这名字?"

赵大方点点头。

傅红雪道:"你知不知道他在哪里?"

赵大方摇摇头,眼睛已从他的脸上,看到他手里握着的刀。

漆黑的刀。刀鞘漆黑,刀柄漆黑。

这柄刀显然是赵大方永远忘不了的。他忽然跳起来,失声道:"你……你莫非就是……"

傅红雪道:"我就是!"

他再也不说别的,慢慢地转过身,走出了树林。

林外秋风正吹过大地。

赵大方痴痴地看着他,忽然也冲出去,抢在他面前,跪下,大声道:"白大侠对我有天高地厚之恩,他老人家虽然已仙去,可是你……你千万要给我一个报恩的机会。"

傅红雪道:"不必。"

赵大方道:"可是我……"

傅红雪道:"你刚才对我说了那些话,就已可算是报过恩了。"

赵大方道:"可是我说不定能够打听出那姓马的消息。"

傅红雪道:"你?"

赵大方道:"现在我虽已洗手不吃镖行这碗饭了,但我以前的朋友,在江湖中走动的还是有很多,他们的消息都灵通得很。"

傅红雪垂下头,看着自己握刀的手,然后他忽然问:"你住在哪里?"

屋子里很简朴、很干净,雪白的墙上,挂着一幅人像。

画得并不好的人像,却很传神。

一个白面微须、目光炯炯有神的中年人,微微仰着脸,站在一片柳林外,身子笔挺,就像是一杆镖枪一般。他穿的是一件紫缎锦袍,腰畔的丝带上,挂着一柄刀。

漆黑的刀!

人像前还摆着香案,白木的灵牌上,写着的是:"恩公白大侠之灵位。"

这就是赵大方的家。

赵大方的确是个很懂得感激人的人,的确是条有血性的汉子。现在他又出去为傅红雪打听消息了。

傅红雪正坐在一张白杨木桌旁,凝视着他父亲的遗像。他手里紧紧握着的,正也是一柄同样的刀,刀鞘漆黑，刀柄漆黑。

他到这里已来了四天。这四天来，他天天都坐在这里，就这样呆呆地看着他的遗像。

他全身冰冷，血却是热的。

"他是个顶天立地的奇男子，也是近百年来武林中最了不起的英雄好汉。"

这一句话就已足够。无论他吃了多少苦，无论他的牺牲多么大，就这一句话已足够。

他绝不能让他父亲在天的英灵，认为他是个不争气的儿子。

他一定要洗清这血海深仇，无论付出什么代价都值得。


夜色已临，他燃起了灯，独坐在孤灯下。

这些天来，他几乎已忘记了翠浓，但在这寂寞的秋夜里，在这寂寞的孤灯下，灯光闪动的火焰，仿佛忽然变成了翠浓的眼波。

他咬紧牙，拼命不去想她。在他父亲的遗像前，来想这种事，简直是种冒渎，简直可耻。幸好就在这时，门外已有了脚步声。

这是条很僻静的小巷，这是栋很安静的小屋子，绝不会有别人来的。

进来的人果然是赵大方。

傅红雪立刻问道："有没有消息？"

赵大方垂着头，叹息着。

傅红雪慢慢地站起来,道:"你不必难受,这不能怪你。"

赵大方抬起头,道:"你……你要走?"

傅红雪道:"我已等了四天。"

赵大方搓着手,道:"你就算要走,也该等到明天走。"

傅红雪道:"为什么?"

赵大方道:"因为今天夜里有个人要来。"

傅红雪道:"什么人?"

赵大方道:"一个怪人。"

傅红雪皱了皱眉。

赵大方的神情却兴奋了起来,道:"他不但是个怪人,而且简直可以说是个疯子,但他却是天下消息最灵通的疯子。"

傅红雪迟疑着,道:"你怎么知道他会来?"

赵大方道:"他自己说的。"

傅红雪道:"什么时候说的?"

赵大方道:"三年前。"

傅红雪又皱起了眉。

赵大方道:"就算他是三十年前说的,我还是相信他今天夜里一定会来,就算砍断了他的两条腿,他爬也会爬着来。"

傅红雪冷冷道:"他若死了呢?"

赵大方道:"他若死了,也一定会叫人将他的棺材抬来。"

傅红雪道:"你如此信任他?"

赵大方道:"我的确信任他,因为他说出的话,从未失信过一次。"

傅红雪慢慢地坐了下去。

赵大方却忽又问道:"你从不喝酒的?"

傅红雪摇摇头。

他摇头的时候,心里又在隐隐发痛。

赵大方并没有看出他的痛苦,笑着道:"但那疯子却是酒鬼,我在两年前已为他准备了两坛好酒。"

傅红雪冷冷地道:"我只希望这两坛酒有人喝下去。"

酒已摆在桌上,两大坛。

夜已深了,远处隐隐传来更鼓,已近三更。

三更还没有人来。赵大方却还是心安理得地坐在那里,连一点焦躁的表情都没有。

他的确是个很信任朋友的人!

傅红雪一动也不动地坐在那里,什么话都不再问。

还是赵大方忍不住打破了沉默,微笑着道:"他不但是个疯子,是个酒鬼,还是个独行盗,但我却从来也没有见过比他更可靠的朋友。"

傅红雪在听着。

赵大方道:"他虽然是个独行盗,却是个劫富济贫的侠盗,自己反而常常穷得一文不名。"

傅红雪并不奇怪,他见过这种人。听说叶开就是这种人。

赵大方道:"他姓金,别人都叫他金疯子,渐渐就连他本来的名字都忘了。"

傅红雪这时却已没有在听他说话,因为这时小巷中已传来一阵脚步声。

脚步声很重,而且是两个人的脚步声。

赵大方也听了听,立刻摇着头道:"来的人绝不是他。"

傅红雪道:"哦?"

赵大方道:"我说过他是个独行盗,一向是独来独往的。"

他笑了笑,又道:"独行盗走路时脚步也绝不会这么重。"

傅红雪也承认他说的有理,但脚步声却偏偏就在门外停了下来。

这次是赵大方皱起了眉。

外面已有了敲门声。

赵大方皱着眉,喃喃道:"这绝不是他,他从不敲门的。"

但他还是不能不开门。

门外果然有两个人。两个人抬着口很大的棺材。

夜色很浓,秋星很高,淡淡的星光照在这两个人的脸上。他们的脸很平凡,身上穿着的也是很平凡的粗布衣裳,赤足穿着草鞋。

无论谁都能看得出这两人都是以出卖劳力为生的穷人。

"你姓赵？"

赵大方点点头。

"有人叫我们将这口棺材送来给你。"

他们将棺材往门里一放,再也不说一句话,掉头就走,仿佛生怕走得不够快。

赵大方本来是想追上去的,但看了这口棺材一眼,又站住。

他就这样站在那里,呆呆地看着这口棺材,他眼睛里似将流下泪来,黯然道:"我说过,他就算死了,也会叫人将他的棺材抬来的。"

傅红雪的心也沉了下去。他对这件事虽然并没有抱太大的希望,但总还是有一点希望的。

现在希望已落空。

看到赵大方为朋友悲伤的表情,他心里当然也不会太好受。只可惜他从来不会安慰别人。

现在他忽然又想喝酒。


酒就在桌上。

赵大方凄然长叹,道:"看来这两坛酒竟是真的没有人喝了。"

突听一人大声道:"没有人喝才怪。"

声音竟是从棺材里发出来的。

接着,就听见棺材"砰"的一响,盖子就开了,一个活生生的人从棺材里跳了出来。

一个满面虬髯的大汉,精赤着上身,却穿着条绣着红花的黑缎裤子，脚上穿着全新的粉底官靴。

赵大方大笑，道："你这疯子，我就知道你死不了的。"

金疯子道："要死也得先喝完你这两坛陈年好酒再说。"

他一跳出来，就一掌拍碎了酒坛的泥封，现在已开始对着坛子牛饮。

傅红雪就坐在旁边，他却连看都没有看一眼，就好像屋子里根本没有这么样一个人存在。

这人看来的确有点疯。

但傅红雪并没有生气，他自己也是常常看不见别人的。

金疯子一口气几乎将半坛酒都灌下肚子，才停下来喘了口气，大笑道："好酒，果然是陈年好酒，我总算没有白来这一趟。"

赵大方问道："你要来就来，为什么还要玩这种花样？"

金疯子瞪起眼，道："谁跟你玩花样？"

赵大方道："不玩花样，为什么要躲在棺材里叫人抬来？"

金疯子道："因为我懒得走。"

这句话回答得真妙，也真疯，但他在说这句话的时候，眼里却似乎露出了一丝忧虑恐惧之色。

所以他立刻又捧起了酒坛子来。

赵大方却拉住了他的手。

金疯子道:"你干什么?舍不得这坛酒?"

赵大方叹了口气,道:"你用不着瞒我,我知道你一定又有麻烦了。"

金疯子道:"什么麻烦?"

赵大方叹道:"你一定又不知得罪了个什么人,为了躲着他,所以才藏在棺材里。"

金疯子又瞪起了眼,大声道:"我为什么要躲着别人?我金疯子怕过谁了?"

赵大方只有闭上嘴。

他知道现在是再也问不出什么来的,金疯子就算真的有很大的麻烦,也绝不会在一个陌生人面前说出来。

他终于想起了屋子里还有第三个人,立刻展颜笑道:"我竟忘了替你引见,这位朋友就是……"

金疯子打断了他的话,道:"他是你的朋友,不是我的。"

这句话还没有说完,他的嘴又已对上酒坛子。

赵大方只好对着傅红雪苦笑,歉然道:"我早就说过,他是个疯子。"

傅红雪道:"疯子很好。"

金疯子突又重重地将酒坛往桌上一放,瞪着眼道:"疯子有什么好?"

傅红雪不理他。

金疯子道:"你认为疯子很好,你自己莫非也是个疯子?"

傅红雪还是不理他。

金疯子突然大笑起来，道："这人有意思，很有意思……"

赵大方悄悄拉了拉他的衣袖，勉强笑道："你也许还不知道他是谁，他……"

金疯子又瞪着眼打断了他的话，道："我为什么不知道他是谁？"

赵大方道："你知道？"

金疯子道："我一走进这间屋子，就已知道他是谁了。"

赵大方更惊讶，道："你怎么会知道？"

金疯子道："我就算认不出他的人，也认得出他的这把刀。我金疯子在江湖中混了这么多年，难道是白混的？"

赵大方板起了脸，道："你既然知道他是谁，就不该如此无礼。"

金疯子道："我想试试他。"

赵大方道："试试他？"

金疯子道："别人都说他也是一个怪物，比我还要怪。"

赵大方道："哪点怪？"

金疯子把一双穿着粉底官靴的脚，高高地跷了起来，道："听说他什么事都能忍，只要你不是他的仇人，就算当面打他两耳光，他也不会还手的。"

赵大方板着脸道："这点你最好不要试。"

金疯子大笑，道："我虽然是疯子，但直到现在还是个活疯子,所以我才能听得到很多消息。"

赵大方立刻追问,道:"什么消息?"

金疯子不理他,却转过了脸,瞪着傅红雪,突然道:"你是不是想知道马空群在哪里?"

傅红雪的手突又握紧,道:"你知道?"

金疯子道:"我知道的事一向很多。"

傅红雪连声音都已因紧张而嘶哑,道:"他……他在哪里?"

金疯子突然闭上了嘴。

赵大方赶过去,用力握住他的肩,道:"你既然知道,为什么不说?"

金疯子道:"我为什么要说?"

赵大方道:"因为他是我恩人的后代,也是我的朋友。"

金疯子道:"我已说过,他是你的好朋友,并不是我的。"

赵大方怒道:"你是不是我的朋友?"

金疯子道:"现在还是的,因为我现在还活着。"

赵大方道:"这是什么意思?"

金疯子道:"这意思你应该明白的。"

傅红雪道:"难道你说出了就会死?"

金疯子摇摇头,道:"我不是这意思。"

傅红雪道:"你是不是要有条件才肯说?"

金疯子道:"只有一个条件。"

傅红雪道:"什么条件?"

金疯子道:"我要你去替我杀一个人!"

傅红雪道:"杀什么人?"

金疯子道:"杀一个我永远不想再见到的人。"

傅红雪道:"你藏在棺材里,就是为了要躲他?"

金疯子默认。

傅红雪道:"这人是谁?"

金疯子道:"是个你不认得的人,跟你既没有恩怨,也没有仇恨。"

傅红雪道:"我为什么要杀这么样一个人?"

金疯子道:"因为你想知道马空群在哪里。"

傅红雪垂下眼,看着自己手里的刀,他在沉思的时候,总是这种表情。

赵大方忍不住道:"你为什么一定要杀这个人?"

金疯子道:"因为他要杀我。"

赵大方道:"他能杀得了你?"

金疯子道:"能。"

赵大方动容道:"能杀得了你的人并不多。"

金疯子道:"能杀他的人更少。"

他凝视着傅红雪手里的刀,缓缓接道:"现在世上能杀得了他的,也许只有这把刀!"

傅红雪紧握着手里的刀。

金疯子道:"我知道你不愿去杀他,谁也不愿去杀一个素不相识的陌生人。"

傅红雪道:"但是我一定要找到马空群。"

金疯子道:"所以你只好杀他。"

傅红雪的手握得更紧。

金疯子说的不错，谁也不愿意去杀一个素不相识的陌生人。

可是那十九年刻骨铭心的仇恨，就像是一棵毒草，已在他心里生了根——纵然那是别人种到他心里的，但现在也已在他心里生了根。

仇恨本不是天生的。但仇恨若已在你心里生了根，世上就绝没有任何力量能拔掉。

傅红雪苍白的脸上，冷汗已开始流了下来。

金疯子看着他，道："袁秋云也不是你的仇人，你本来也不认得他，但你却杀了他。"

傅红雪霍然抬起头。

金疯子淡淡地接着说道："无论谁为了复仇，总难免要杀错很多人的，被杀错的通常都是一些无辜的陌生人。"

傅红雪忽然道："我怎知杀了他后，就一定能找到马空群？"

金疯子道："因为我说过。"

他说出的话，从未失信过一次，这点连傅红雪都已不能不相信。

一个人正被人追杀的生死关头中，还没有忘记三年前订下的约会，这并不是件容易事。

傅红雪又垂下头，凝视着手里的刀，缓缓道："现在我只要你再告诉我一件事。"

金疯子道："什么事？"

傅红雪一字字道:"这人在哪里?"

金疯子的眼睛亮了。

连赵大方脸上都不禁露出欣喜之色,他是他们的朋友,他希望他们都能得到自己所要的。

金疯子道:"从这里往北去,走出四五里路,有个小镇,小镇上有个小酒店,明天黄昏前后,那个人一定会在那小酒店里。"

傅红雪道:"什么镇?什么酒店?"

金疯子道:"从这里往北去只有那一个小镇,小镇上只有那么一个酒店,你一定可以找得到的。"

傅红雪道:"你怎么知道那个人明天黄昏时一定在那里?"

金疯子笑了笑,道:"我说过,我知道很多事。"

傅红雪道:"那个人又是个什么样的人?"

金疯子沉吟道:"是个男人。"

傅红雪道:"男人也有很多种。"

金疯子道:"这个人一定是最奇怪的那一种,你只要看见他,就会知道他跟别的人全都不同。"

傅红雪道:"他有多大年纪?"

金疯子道:"算来他应该有三四十岁了,但有时看来却还很年轻,谁也看不出他究竟有多大年纪。"

傅红雪道:"他姓什么?"

金疯子道:"你不必知道他姓什么。"

傅红雪道:"我一定要知道他姓什么,才能问他,是不是我要杀的那个人?"

金疯子道:"我要你去杀他,不是要你跟他交朋友的。"

傅红雪道:"你难道要我一看见他就出手?"

金疯子道:"最好连一个字都不要说,而且绝不能让他知道你有杀他的意思。"

傅红雪道:"我不能这样杀人。"

金疯子道:"你一定要这么样杀人,否则你很可能就要死在他手里。"

他笑了笑,又道:"你若死在他手里,还有谁能为白大侠复仇?"

傅红雪沉默了很久,缓缓道:"谁也不愿意去杀一个陌生人的。"

金疯子道:"这句话我说过。"

傅红雪道:"现在我已答应你去杀他,我绝不能再杀错人。"

金疯子道:"我也不希望你杀错人。"

傅红雪道:"所以你至少应该将这个人的样子说得更清楚些。"

金疯子想了想,道:"这个人当然还有几点特别的地方。"

傅红雪道:"你说。"

金疯子道:"第一点是他的眼睛,他的眼睛跟任何人都不一样。"

傅红雪道:"有什么不一样?"

金疯子道:"他的眼睛看来就像是野兽,野兽才有他那样的眼睛。"

傅红雪道："还有呢？"

金疯子道："他吃东西时特别慢，嚼得特别仔细，就好像吃过了这一顿，就不知要等到何时才吃下一顿了，所以对食物特别珍惜。"

傅红雪道："说下去。"

金疯子道："他一个人的时候从不喝酒，但他面前一定会摆着一壶酒。"

傅红雪在听着。

金疯子道："他腰带上一定插着根棍子。"

傅红雪道："什么样的棍子？"

金疯子道："就是那种最普通的棍子，用白杨木削成的，大概有三尺长。"

傅红雪道："他不带别的武器？"

金疯子道："从不带。"

傅红雪道："这棍子就是他的武器？"

金疯子叹道："那几乎是我平生所看到过的最可怕的武器。"

赵大方忽然笑道："那当然还比不上你的刀，世上绝没有任何武器能比得上这柄刀！"

傅红雪沉思着，看着手里的刀，然后又抬起头，看看画上的那柄刀。

他绝不能让这柄刀被任何人轻视，他绝不能让这柄刀放在任何人手里。

金疯子看着他的表情，道："现在你总该知道他是个什么样的人了。"

傅红雪点点头,道:"他的确是个怪人。"

金疯子道:"我保证你杀了他后,绝不会有任何人难受的。"

傅红雪道:"也许只有我自己。"

金疯子笑道:"但等你找到马空群后,难受的就应该是他了。"

傅红雪双目凝视着他,忽又道:"谁说你是个疯子的?"

金疯子道:"很多人。"

傅红雪缓缓道:"他们都错了,我看你也许比他们都清醒。"

金疯子大笑,大笑着捧起酒坛子,拼命地往肚子里灌。

赵大方微笑着,道:"他这人最大的好处就是该清醒的时候他绝不醉,该醉的时候他绝不清醒。"


黎明。

金疯子已醉了,醉倒在桌上打鼾。

傅红雪喃喃道:"我应该睡一会的。"

赵大方道:"不错,今天你应该要有好精神。"

傅红雪道:"杀人时都应该有好精神?"

赵大方道:"你应该听得出,那个人并不是好对付的。"

傅红雪凝视着画上的刀,嘴角忽然露出一丝骄傲的微笑,缓缓道:"但我却绝不相信世上有任何人的棍子能对付这柄刀!"

他的确不相信。

白天羽活着时也从不相信,所以他现在已死了。

陌生人绝不能信任的,因为他们通常都是很危险的人。

## 读客文化将出版以下古龙经典作品

《小李飞刀：多情剑客无情剑》

《小李飞刀2：边城浪子》

《小李飞刀3：九月鹰飞》

《小李飞刀4：天涯·明月·刀》

《陆小凤传奇：金鹏王朝》

《陆小凤传奇2：绣花大盗》

《陆小凤传奇3：决战前后》

《陆小凤传奇4：银钩赌坊》

《陆小凤传奇5：幽灵山庄》

《陆小凤传奇6：凤舞九天》

《陆小凤传奇7：剑神一笑》

《楚留香新传：借尸还魂》

《楚留香新传2：蝙蝠传奇》

《楚留香新传3：桃花传奇》

《楚留香新传4：新月传奇·午夜兰花》

《七种武器：长生剑·孔雀翎》

《七种武器2：碧玉刀·多情环》

《七种武器3：离别钩·霸王枪》

《七种武器4：愤怒的小马·七杀手》

《萧十一郎》

- 《火并萧十一郎》
- 《绝代双骄》
- 《欢乐英雄》
- 《三少爷的剑》
- 《流星·蝴蝶·剑》
- 《武林外史》
- 《白玉老虎》
- 《圆月弯刀》
- 《大人物》
- 《绝不低头》
- 《碧血洗银枪》
- 《彩环曲》
- 《苍穹神剑》
- 《大地飞鹰》
- 《风铃中的刀声》
- 《护花铃》
- 《剑毒梅香》
- 《剑客行》
- 《猎鹰·赌局》
- 《名剑风流》
- 《飘香剑雨》
- 《七星龙王》
- 《失魂引》
- 《血鹦鹉》
- 《英雄无泪》
- 《游侠录》
- 《月异星邪》

# 激发个人成长

多年以来,千千万万有经验的读者,都会定期查看熊猫君家的最新书目,挑选满足自己成长需求的新书。

读客图书以"激发个人成长"为使命,在以下三个方面为您精选优质图书:

## 1. 精神成长
熊猫君家精彩绝伦的小说文库和人文类图书,帮助你成为永远充满梦想、勇气和爱的人!

## 2. 知识结构成长
熊猫君家的历史类、社科类图书,帮助你了解从宇宙诞生、文明演变直至今日世界之形成的方方面面。

## 3. 工作技能成长
熊猫君家的经管类、家教类图书,指引你更好地工作、更有效率地生活,减少人生中的烦恼。

每一本读客图书都轻松好读,精彩绝伦,充满无穷阅读乐趣!

### 认准读客熊猫

读客所有图书,在书脊、腰封、封底和前后勒口都有"读客熊猫"标志。

### 两步帮你快速找到读客图书

1. 找读客熊猫

2. 找黑白格子

马上扫二维码,关注"熊猫君"

和千万读者一起成长吧!